Todos los libros de Linkgua Ediciones cuentan con modelos de Inteligencia Artificial entrenados por hispanistas. Pregúntale al chat de tu libro lo que desees acerca de la obra o su autor/a.

Para ebooks: Accede a nuestro modelo de IA a través de este enlace.

Para libros impresos: Escanea el código QR de la portada con tu dispositivo móvil.

Obtén análisis detallados de nuestros libros, resúmenes, respuestas a tus preguntas y accede a nuestras ediciones críticas generativas para una experiencia de lectura más enriquecedora.
La transparencia y el respeto hacia la autoría de las fuentes utilizadas son distintivos básicos de nuestro proyecto. Por ello, las respuestas ofrecen, mediante un sistema de citas, las fuentes con las que han sido elaboradas.

Miguel de Molinos

Guía espiritual

Que desembaraza al alma y la conduce por el interior

camino para alcanzar la perfecta contemplación y el rico

tesoro de la interior paz

Barcelona 2024

Linkgua-ediciones.com

Créditos

Título original: *Guía espiritual.*

© 2024, Red ediciones S.L.

e-mail: info@linkgua.com

Diseño de cubierta: Michel Mallard.

ISBN rústica ilustrada: 978-84-1126-807-3.
ISBN tapa dura: 978-84-1126-209-5.
ISBN ebook: 978-84-9953-720-7.

Sumario

Brevísima presentación

II

La vida
Miguel de Molinos Zuxia (Muniesa, Teruel, junio de 1628-Roma, 28 de diciembre de 1696). España.

Sus padres eran Pedro Molinos y Ana María Zuxia. Se doctoró en teología y se ordenó sacerdote en Valencia. Allí fue beneficiado de la iglesia de San Andrés y recibió licencia como confesor de monjas.

En 1665 la Diputación del Reino de Valencia le encargó postular la beatificación de Francisco Jerónimo Simó, y para ello marchó en a Italia.

Se estableció en la iglesia agustina de San Alfonso, donde ganó fama como predicador y director espiritual y consiguió apoyo entre personalidades destacadas, que fueron sus fieles adeptos. Por entonces tuvo intercambio espistolar con la reina Cristina de Suecia y se relacionó con el papa Inocencio XI.

La *Guía espiritual*, con el subtítulo «Que desembaraza al alma y la conduce por el interior camino para alcanzar la perfecta contemplación y el rico tesoro de la interior paz» se publicó en italiano (Roma, 1675). En ella Molinos muestra el camino para alcanzar a Dios, para ello el alma no debe hacer nada: solo permanecer pura y sin pecado, apartada de toda preocupación o meditación. Dios haría lo demás. Este proceso provoca un vacío espiritual, una nada, que es el camino más corto para llegar a Dios.

La doctrina de Molinos es muy cercana al budismo y a su persecución del nirvana, lo que no escapó a Pierre Bayle, en su *Dictionnaire historique et critique* (1697), que cuestiona el pensamiento oriental y lo compara con el quietismo.

Las primeras escaramuzas de Molinos con la Inquisición fueron en 1678. Y tras dichos conflictos, Molinos escribió su *Defensa de la contemplación*, hacia 1679-1680.

La *Guía espiritual* fue denunciada por el cardenal D'Estrées, embajador en Roma del rey de Francia Luis XIV y que había sido su amigo. Entonces Miguel de Molinos fue apresado junto con algunos de sus discípulos el 18 de julio de 1685, procesado «por inmoralidad y heterodoxia» y condenado en 1687 a reclusión perpetua, siempre vestido con un hábito penitencial, a recitar el Credo y un tercio del Rosario, y confesarse cuatro veces al año.

Molinos abjuró de su doctrina en la iglesia de Santa María sopra Minerva el 13 de septiembre de 1687.

La *Guía espiritual* fue traducida al latín, francés, holandés, italiano, alemán e inglés; en quince años hubo veinte ediciones en diversas lenguas. El quietismo tuvo repercusión sobre todo en Italia, donde cardenales como Casanata, Carpegna, Azzolini y el mismo D'Estrées entablaron amistad con Molinos, y otros como Coloredi, Cíceri y Petrucci, obispo de Jesi, asumieron sus ideas; incluso el propio papa Inocencio XI pensó en nombrarlo cardenal. En Francia difundieron el quietismo el padre François Lacombe, madame Jeanne Guyon y Fénelon, que apoyó las doctrinas de éste sobre el amor divino.

Guía espiritual

Prefacio

El que lo saca a luz al lector sincero, la paz. Que el
inquieto mundo dar no puede

Haec verba fidelissima et vera sunt (Apoc. 22)

Palabras fidelísimas y verdaderas son, lector sincero, las que
en este pequeño libro rebosó (inspirado y aun impelido del
Padre de los eternos resplandores) el corazón profundo y
lleno de luz de un varón bueno. Palabras, vuelvo a decir, son
fidelísimas y verdaderas; palabras de vida y de luz, las cuales, si deseas caminar derecho y seguro por el camino de la
abundante justicia y equidad, serán antorcha inextinguible
a tus pies y fanal siempre ardiente a tus pisadas.

No la vana ambición de la vanísima alabanza de los
hombres ni algún otro humano motivo o terreno respeto
tuvieron parte en la composición de esta obra o la tienen en
la publicación: solo el puro amor del aumento de la divina
gloria, el limpio y ardiente deseo de promover la perfección
cristiana movieron a quien escribió estas altas verdades a
escribirlas y mueven a quien las publica a publicarlas.

Porque su autor (continuamente ocupado en el consuelo
y gobierno de almas sin número, que Dios le fía, sin buscar ninguna por estarse en su soledad y desapego, que es el
que anhela) escribió con pluma velocísima este tratado, sin
más enseñanza que la de la santa oración, sin más lección y
estudio que el interior tormento, que es la oficina donde se
labra la verdadera sabiduría, sin más artificio que el interior
impulso, y sin más reflexión e intento que el corresponder al

eterno beneplácito y divina inspiración, y no ofendería la verdad si dijese violencia. Deseando, pues, que este libro saliese a la pública luz para común utilidad y guía de las dichosas almas que por la derecha senda de la negación de sí mismas caminan a las felicísimas y serenas alturas de la mística perfección, intenté repetidas veces con su autor me lo entregase, y no pudiendo conseguirlo, me valí de su espiritual guía, el cual, habiéndoselo pedido y leído, me lo entregó.

Yo he solicitado la impresión y he allanado algunas dificultades que en ella se han ofrecido, pareciéndome que se complace de esto aquel gran Padre de familias que no enciende tales antorchas para que estén inútilmente escondidas, sino para que ardan en su místico candelero, y también por saber el útil que de esto ha de resultar a los verdaderos espirituales y puramente místicos; porque no basta escribir de la divina influencia y de la pasiva e interior comunicación, como muchos altamente hasta ahora han escrito, si no se desembaraza el camino y se le descubren al alma las dificultades que pasan dentro de sí misma y la impiden la subida a este sublime estado. Este solo ha sido el intento del autor, y parece que con singular acierto lo ha conseguido. Porque su doctrina es práctica, su luz es pura, su estilo, si sencillo, elevado, y su inteligencia clara, aunque profunda.

Lee pues, lector caro, con toda seguridad y alegría santa, mas juntamente con atención y consideración devota, este práctico libro de la interior vida, en el cual hallarás el maná escondido de la divina suavidad y dulzura, y el nombre y asunto nuevo de la interior paz, congrua y altamente explicado. Aquí hallarás la diferencia que hay de la meditación a la contemplación, de la adquirida a la infusa. Aquí se descubren las miserias del alma, las tentaciones del enemigo, sus astucias, enredos y sutilezas y aquí finalmente hallarás las secretas sendas para alcanzar todas las virtudes y subir al alto monte de la contemplación, de la aniquilación, de la transformación e interior paz.

Si eres oveja, cándida y no errante, del Pastor divino y fielmente sigues su amoroso silbo conducido de esta espiritual Guía, entrarás en los suavísimos pastos de la bienaventurada, tranquilísima y amenísima suavidad interior, regada con los cristalinos torrentes de la indeficiente y divina luz que rebosa en este libro; y no solo iluminará tu entendimiento, sino que también inflamará tu voluntad, y llenando de espiritual gordura tu alma, la dejará con ardientes deseos de reformarse y ser conformada a la imagen resplandeciente de la eterna verdad.

Entra, entra, lector amantísimo, en este dichoso camino que te enseña esta fiel y luminosa Guía. Este es el camino de equidad de juicio y justicia. Camino de bendición, santificación y verdad. Camino de sabiduría, paz y fortaleza. Camino de quietud, luz y consejo. Estrecho solamente en las entradas, ancho en medio, y en el progreso y fin espaciosísimo.

Este es el camino de la verdadera latitud del corazón y de la real libertad de los hijos de Dios, fuera del cual toda anchura es estrechez; toda libertad, esclavitud; todo descanso, trabajo; toda paz, guerra; toda quietud, inquietud; toda alegría, falsa; toda felicidad, angustia; toda grandeza, vanidad; y todo alivio, aflicción de espíritu. Este es el santo e inmaculado camino, que segura y derechamente conduce a la vida eterna; y sin peligros, embarazos ni ofensas, guía a las altas y serenas cumbres del monte de la cristiana perfección. Monte todo bienaventurado y pacífico, todo tranquilo y luminoso, adonde no llegan las nubes de las humanas ceguedades y apetitos ni las inquietudes de las terrenas pasiones ni los vientos y tempestades de las humanas variaciones e inconstancias o de los temporales accidentes y sucesiones. A este bienaventurado término te conduce esta espiritual Guía. Mira cuántas y cuán grandes cosas se contienen en este pequeño libro. Dichoso tú, devoto lector, sino solamente lees, mas juntamente haces lo que en él leas. Vale.

Tu hermano, y siervo en Jesucristo crucificado.

Fray Juan de Santa María, Ministro Provincial.

Aprobaciones

Aprobación del Ilustrísimo y Reverendísimo Señor el Padre Fray Martín Ibáñez de Villanueva, de la Sagrada Religión de los Trinitarios calzados, Calificador de la Santa Inquisición en España, Examinador Sinodal del Arzobispado de Toledo Laureado en la Universidad de Alcalá y Catedrático deprima de Escoto en la misma Universidad, Obispo que fue de Gaeta, y dignísimo Arzobispo Rijoles.

(...)

Aprobación del Reverendísimo P. Fray Francisco María de Bolonia, Calificador de la Santa Romana universal Inquisición, Consultor de otras congregaciones y Ministro General de toda la Orden de San Francisco.

(...)

Aprobación del Reverendísimo P. Fray Domingo de la Santísima Trinidad, Calificador y Consultor del Santo Oficio de Malta, y Calificador de la Santa Romana universal Inquisición, General que fue de su Religión de Carmelitas descalzos, y hoy Definidor General y Rector del Seminario de las Misiones en el Convento de San Pancracio.

(...)

Aprobación del Reverendísimo P. Fray Francisco Gerez, Predicador de su Majestad Católica, Examinador Sinodal que fue del Arzobispado de Sevilla, Provincial tres veces de su Sagrada Religión de los Capuchinos en la Provincia de Andalucía, y hoy Definidor General de toda su Religión.

(...)

Aprobación del Reverendísimo P. Martín de Esparza, de la Compañía de Jesús, Catedrático de Teología de la Universidad de Salamanca y del Colegio Romano, Consultor de la Sagrada Congregación de Ritos, y Consultor y Calificador del Santo Oficio de Valladolid, y Calificador de la Santa Romana universal Inquisición.

(...)

Aprobación del Reverendísimo P. Fray Diego de Jesús, Religioso descalzo del Orden de la Santísima Trinidad, Redención de Cautivos, Procurador General de la familia de España y Ministro del Convento de San Carlos de Roma.

Introducción

A quien leyere. No hay cosa más difícil en el mundo que agradar a todos ni más fácil y usada que censurar los libros que salen a la luz pública. Al común riesgo de entrambos daños salen sujetas todas las obras que se publican, sin excepción de ninguna, aunque amparadas de la mayor protección. ¿Qué será de este pequeño librito sin patrocinio, cuyo manjar, por místico y mal guisado, lleva consigo la común censura y el desabrimiento? Si no lo entiendes, lector amigo, no por eso lo censures.

Oirá y leerá el hombre animal estas espirituales materias, pero no llegará, dice San Pablo, a comprenderlas: *Animalis autem homo non percipit ea, quae sunt Spiritus Dei (1 Ad Coro* 2). Si las condenas, te condenas al número de los sabios de este siglo, de quienes dice San Dionisio que no les comunica Dios esta sabiduría como a los sencillos y humildes, aunque en el concepto del mundo sean ignorantes.

La ciencia mística no es de ingenio, sino de experiencia; no es inventada, sino probada; no leída, sino recibida, y así es segurísima y eficaz, de grande ayuda y colmado fruto.

No entra la ciencia mística en el alma por los oídos ni por la continua lección de los libros, sino por la liberal infusión del divino espíritu, cuya gracia se comunica con regaladísima intimidad a los sencillos y pequeños (*Matth.* 11).

Hay algunos doctos que no han leído jamás estas materias y algunos espirituales que hasta ahora no las han gustado, y por esto los unos y los otros las condenan; aquéllos por ignorancia y éstos por falta de experiencia.

Es cierto que a quien le falta la experiencia de esta dulzura no podrá juzgar de estos misteriosos secretos, antes bien se escandalizará, como suelen muchos, de oír las maravillas que usa el amor divino con las almas, por no ver en las suyas esas finezas. ¿Quién pondrá tasa a la bondad divina, cuya mano no está abreviada para hacer lo que en otros tiempos? No llama Dios por mérito al más fuerte, sino al más flaco y miserable, para que más resplandezca su infinita misericordia.

No es esta ciencia de teórica, sino de práctica, en donde sobrepuja con grandísima ventaja la experiencia a la más avisada y despierta especulativa, y como los sabios puramente escolásticos no la experimentan, la condenan:

Hi autem quaecumque quidem ignorant, blasphemant (Iudae 1). Por eso advirtió Santa Teresa a su padre espiritual que no tratase las materias espirituales sino con hombres que lo fuesen: *Porque si no saben* (dice) *más de un camino, o se han quedado en el medio, no podrán así atinar (Vida,* cap. 22).

Bien se conocerá que no tiene experiencia de esta práctica y mística ciencia el que condenara la doctrina de este libro, y que no ha visto a San Dionisio, San Agustín, San Gregorio, San Bernardo, Santo Tomás, San Buenaventura y otros muchos santos y doctores aprobados por la Iglesia, que aprueban, califican y enseñan, como experimentados, la práctica de esta doctrina.

Debe advertirse que la doctrina de este libro no instruye a todo género de personas, sino solamente a aquellas que tienen bien mortificados los sentidos y pasiones, y que están ya aprovechadas y encaminadas a la oración y llamadas de Dios al interior camino, a las cuales alienta y guía, quitándolas los impedimentos que embarazan el paso a la perfecta contemplación.

He procurado que el estilo de este libro sea devoto, casto y provechoso, sin exornación de pulidas frases, sin ostentación de elocuencias ni sutilezas teológicas; solo he atendido a enseñar la verdad desnuda con humildad, sencillez y claridad.

No admire ver salir cada día a la luz del mundo nuevos libros espirituales, porque Dios tiene siempre que comunicar nuevas luces y las almas tienen siempre necesidad de estas instrucciones. Ni todo está dicho ni todo está escrito, y así habrá siempre que escribir hasta el fin del mundo. Admirables fueron las luces que Dios comunicó a su Iglesia por medio del Doctor Angélico Santo Tomás, y en la hora de su muerte dijo él mismo que le había comunicado su Majestad tanta luz en aquel instante, que era nada cuanto hasta entonces había escrito. Luego tiene y tendrá siempre Dios nuevas luces que comunicar, sin que se agote su infinito saber.

No deben acobardar las muchas y grandes penas del interior camino, porque lo que mucho vale, razón es que cueste. Ten buen ánimo, que no solo las que aquí se representan, sino muchas más se superarán con la divina gracia e interior fortaleza. No ha sido jamás mi intento tratar de la contemplación ni de su defensa, como muchos que docta y especulativamente han publicado enteros libros llenos de eficaces razones, de doctrinas y autoridades de los santos y de la Sagrada Escritura para desvanecer la opinión de los que la han condenado y condenan por no haberla experimentado ni aun especulativamente entendido.

La experiencia de largos años (por las muchas almas que se han fiado de mi insuficiencia para la conducción del interior camino a que han sido llamadas) me ha enseñado la grande necesidad que hay de quitarlas los embarazos, inclinaciones, afectos y apegos que totalmente las impiden el paso y el camino a la perfecta contemplación.

Todo este práctico libro se dirige a este principal intento, porque no basta asegurar el interior camino de la contemplación contra los que lo contradicen, si no se les quita a las almas llamadas y aseguradas los embarazos que las estorban el paso y espiritual vuelo; para cuyo fin me he valido más de lo que Dios por su infinita misericordia me ha inspirado y enseñado, que lo que la especulativa lección de los libros me ha administrado e instruido. Tal vez, aunque pocas, cito alguna autoridad de autor práctico y experimentado, para que se entienda que no es singular y rara la doctrina que aquí se enseña. Este, pues, ha sido mi primer blanco, no asegurar el interior camino, sino desembarazarlo. El segundo, instruir a los directores para que no estorben el curso a las almas llamadas por estas secretas sendas a la interior paz y suma felicidad. Quiera Dios, por su infinita misericordia, se consiga lo que tanto se desea. Ya sé que muchos por falta de experiencia han de censurar lo que aquí se enseña, pero fío en Dios se han de aprovechar algunas almas de las que su Majestad llama a esta ciencia, por cuyo fruto daré por bien empleado mi desvelo. Este ha sido el blanco único de mi deseo, y si Dios, como es constante, acepta y se sirve de estos puros deseos, quedaré contento, aunque rígidamente censurado.

Vale.

Proemio

Advertencia I. De dos modos se puede ir a Dios: el
primero por meditación y discurso; el segundo, por
pura fe y contemplación.

1. Dos modos hay de ir a Dios, uno por consideración y discurso, y otro por pureza de fe, noticia indistinta, general y confusa. El primero se llama meditación; el segundo, recogimiento interior o adquirida contemplación. El primero es de principiantes, el segundo de aprovechados. El primero es sensible y material, el segundo es más desnudo, puro e interior.

2. Cuando el alma está ya habituada a discurrir en los misterios, juntándose con la imaginativa y usando de imágenes corporales, siendo traída de criatura en criatura y de noticia en noticia (teniéndola muy corta de lo que desea) y de éstas al Criador, entonces la suele coger Dios de la mano (si no es que la llame a los principios y la introduzca sin discurso por el camino de la pura fe) y haciendo que deje atrás el entendimiento todas las consideraciones y discursos, la adelanta y saca de aquel estado sensible y material, y hace que debajo de una simple y oscura noticia de fe aspire solo con las alas del amor a su esposo, sin que tenga ya necesidad para amarle de las persuasiones e informaciones del entendimiento, porque de ese modo sería muy corto su amor, muy pendiente de las criaturas, muy a gotas, y ésas, caídas a pausas y despacio.

3. Cuanto menos pendiere de criaturas y más estribare en solo Dios y su secreta enseñanza, mediante la fe pura, más firme, durable y fuerte será el amor. Después que ya el alma ha adquirido la noticia que la pueden dar todas las meditaciones e imágenes corporales de las criaturas, si ya el Señor

la saca de ese estado, privándola del discurso, dejándola en la divina tiniebla para que camine por el camino derecho y fe pura, déjese guiar y no quiera amar con la escasez y cortedad que ellas le informan, sino suponga que es nada cuanto todo el mundo y los más delicados conceptos de los entendimientos más sabios la pueden decir, y que la bondad y hermosura de su amado excede infinitamente a todo su saber, persuadiéndose que todas las criaturas son muy bozales para informarla y traerla al verdadero conocimiento de su Dios.

4. Debe, pues, pasar adelante con su amor, dejándose atrás todo su entender. Ame a Dios como es en sí, y no como se lo dice y forma su imaginación; y si no lo puede conocer como es en sí, ámelo sin conocerlo debajo de los velos oscuros de la fe; de la manera que un hijo que nunca ha visto a su padre, por lo que de él le han informado, a quien da todo crédito, le ama como si ya le hubiese visto.

5. El alma a quien se le ha quitado el discurso debe no violentarse ni buscar por fuerza noticia más clara o particular, sino sin yugos, ni arrimos de consuelos o noticias sensibles, con pobreza de espíritu y vacío de todo lo que su apetito natural le pide, estar quieta, firme y constante, dejando obrar al Señor, aunque se vea sola, seca y llena de tinieblas, que si bien le parecerá ociosidad, es solo de su sensible y material actividad, no de la de Dios, el cual está obrando en ella la ciencia verdadera. Finalmente, tanto cuanto más sube el espíritu, tanto más se desarrima de lo sensible. Muchas son las almas que han llegado y llegan a esta puerta, pero pocas las que han pasado y pasan por falta de experimentada guía; y las que la tienen y han tenido, por no sujetarse con verdadero y total rendimiento.

6. Dirán que no amará la voluntad, sino que estará ociosa, si el entendimiento no entiende distinta y claramente; porque

es asentado principio que no se puede amar sino lo que se conoce. A esto se responde que aunque el entendimiento no conoce distintamente, por discurso, imágenes y consideraciones, entiende y conoce por la fe oscura, general y confusa, cuyo conocimiento, aunque tan oscuro, indistinto y general, como es sobrenatural, es más claro y perfecto conocimiento de Dios que cualquiera noticia sensible y particular que en esta vida se puede formar, porque toda imagen corporal y sensible dista de Dios infinitamente.

7. *Más perfectamente,* dice San Dionisio, *conocemos a Dios por negaciones que por afirmaciones. Más altamente sentimos de Dios conociendo que es incomprensible y sobre todo nuestro entender, que concibiéndole debajo de alguna imagen y hermosura criada, que es entenderle a nuestro modo tosco (Mistica Theolog. 1, 2).* Luego más estima y amor se engendrará de este modo confuso, oscuro y negativo, que de otro cualquiera sensible y distinto; porque aquél es más propio de Dios y desnudo de criaturas, y éste, por el contrario, cuanto más depende de criaturas tanto, menos tiene de Dios.

Advertencia II. En qué se diferencia la meditación de la contemplación

8. Dice San Juan Damasceno, y otros santos, que la oración *es una subida o levantamiento del entendimiento en Dios (De fide,* lib. 3, cap. 24). Es Dios superior a todas las criaturas y no puede el alma mirarle y tratar con él, sino levantándose sobre todas ellas. Este amigable trato que el alma tiene con Dios, que es la oración, se divide en meditación y contemplación.

9. Cuando el entendimiento considera los misterios de nuestra santa fe con atención para conocer sus verdades, dis-

curriendo sus particularidades y ponderando sus circunstancias para mover los afectos en la voluntad, este discurso y piadoso afecto se llama propiamente meditación.

10. Cuando ya el alma conoce la verdad (ora sea por el hábito que ha adquirido con los discursos o porque el Señor le ha dado particular luz) y tiene fijos los ojos del entendimiento en la sobredicha verdad, mirándola sencillamente, con quietud, sosiego y silencio, sin tener necesidad de consideraciones ni discursos ni otras pruebas para convencerse, y la voluntad la está amando, admirándose y gozándose en ella, ésta se llama propiamente oración de fe, oración de quietud, recogimiento interior o contemplación.

11. La cual dice Santo Tomás, y todos los maestros místicos, *que es una vista sencilla, suave y quieta de la eterna verdad, sin discurso ni reflexión* (2.2. q. 180, arto 3.º y 4.º). Pero si se alegra o mira los efectos de Dios en las criaturas; y entre ellas en la humanidad de Cristo Señor nuestro como más perfecta de todas, ésta no es perfecta contemplación, según aprueba Santo Tomás (allí mismo), pues todas ellas son medios para conocer a Dios como es en sí, y aunque la humanidad de Cristo nuestro Señor es el medio más santo y más perfecto para ir a Dios y el supremo instrumento de nuestra salud y la canal por donde recibimos todo el bien que esperamos, con todo esto la humanidad no es el sumo bien, el cual consiste en ver a Dios, pero como Jesucristo es más por su divinidad que por su humanidad, así el que piensa y mira siempre a Dios (como la divinidad está unida a la humanidad) siempre mira y piensa en Jesucristo, mayormente el contemplativo, en quien la fe es más sencilla, pura y ejercitada.

12. Siempre que se alcanza el fin cesan los medios, y llegando al puerto la navegación. Así el alma, si después de ha-

berse fatigado por medio de la meditación, llega a la quietud, sosiego y reposo de la contemplación, debe entonces cercenar los discursos y reposar quieta, con una atención amorosa y sencilla vista de Dios, mirándole y amándole, y desechando con suavidad todas las imaginaciones que se le ofrecen, quietando el entendimiento en aquella divina presencia, recogiendo la memoria, fijándola toda en Dios, contentándose con el conocimiento general y confuso que de él tiene por la fe, aplicando toda la voluntad en amarle, donde estriba todo el fruto.

13. Dice San Dionisio: *En cuanto a vos, carísimo Timoteo, aplicándoos seriamente a las místicas especulaciones, dejad los sentidos y las operaciones del entendimiento, todos los objetos sensibles e inteligibles, y universalmente todas las cosas que son y las que no son, y en una manera no conocida e inefable, en cuanto al hombre es posible, levantaos a la unión de aquel que es sobre toda naturaleza y conocimiento (Mistica Theolog.).* Hasta aquí el Santo.

14. Luego importa dejar todo el ser criado, todo lo que es sensible, todo lo que es inteligible y afectivo, y finalmente todo aquello que es y lo que no es, para arrojarse en el amoroso seno de Dios, que él nos volverá todo lo que habemos dejado, acompañado de fortaleza y eficacia para amarle más ardientemente, cuyo amor nos mantendrá dentro de este santo y bienaventurado silencio, que vale más que todos los actos juntos. Dice Santo Tomás: *Es muy poco lo que el entendimiento puede alcanzar de Dios en esta vida, pero es mucho lo que la voluntad puede amar* (1, 2, q. 27, arto 2).

15. Cuando el alma llega a este estado, debe recogerse toda dentro de sí misma, en su puro y hondo centro, donde está la imagen de Dios: allí la atención amorosa, el silencio, el olvido de todas las cosas, la aplicación de la voluntad con

perfecta resignación, escuchando y tratando con él tan a solas como si en todo el mundo no hubiese más que los dos.

16. Con justa razón dicen los santos que la meditación obra con trabajo y con fruto; la contemplación sin trabajo, con sosiego, paz, deleite y mucho mayor fruto. La meditación siembra y la contemplación coge; la meditación busca y la contemplación halla; la meditación rumia el manjar, la contemplación le gusta y se sustenta con él.

17. Todo lo dijo el místico Bernardo sobre aquellas palabras del Salvador: *Quaerite et invenietis, pulsate, et aperietur vobis. Lectio apponit ori solidum cibum, meditatio frangit, oratio saporem conciliat, contemplatio est ipsa dulcedo, quae iucundat, et reficit (De scala claustralium)*. Con esto se declara qué sea meditación y contemplación, y la diferencia que hay entre las dos.

Advertencia III. En qué se diferencia la contemplación
adquirida y activa de la infusa y pasiva, y se ponen las
señales por donde se conocerá cuándo quiere Dios
pasar al alma de la meditación a la contemplación

18. Hay también dos maneras de contemplación, una imperfecta, activa y adquirida, otra infusa y pasiva. La activa (de la cual se ha hablado hasta ahora) es aquella que se puede alcanzar con nuestra diligencia, ayudados de la divina gracia; recogiendo las potencias, y sentidos, preparándonos para todo lo que Dios quisiere. Así lo dicen Rojas (*Vit. spirit.*, cap. 19) y Arnaya (*Confes.*, 47).

19. Encarga San Bernardo esta activa contemplación, hablando sobre aquellas palabras: *Audiam quid loquatur in me Deus (Psal. 84)*. Y dice: *Optimam partem elegit Maria, licet non minoris (fortasse) meriti sit apud Deum humilis conver-*

satio Marthae, sed de electione Maria laudatur, quoniam illa omnino (quoad nos spectat) eligenda, haec vera si iniungitur, patienter est toleranda.

20. Encarga también Santo Tomás esta adquirida contemplación, con las siguientes palabras: *Quanto hamo animam suam, vel alterius propinquius Deo coniungit, tanto sacrificium est Deo magis acceptum, unde magisacceptum est Deo, quod aliquis animam suam, et aliorum applicet contemplationi, quam actioni* (2. 2. q. 182, arto 2). Palabras verdaderamente claras para cerrar la boca a los que condenan la adquirida contemplación.

21. Cuanto más el hombre propincuamente se llega a Dios o procura llegar su alma y la de otros, tanto es mayor y más acepto sacrificio para Dios, de donde se infiere (concluye el mismo Santo) que será en el hombre para Dios más agradable y acepta la aplicación de su alma y de las otras a la contemplación que a la acción. Ni se puede decir que hable aquí el Santo de la infusa contemplación, porque no está en mano del hombre aplicarse a la infusa, sino a la adquirida.

22. Aunque se dice que podemos nosotros introducirnos a la contemplación adquirida con la ayuda del Señor, con todo eso nadie de su motivo se ha de atrever a pasar del estado de meditación a éste sin consejo del experimentado director, el cual conocerá con claridad si es el alma llamada de Dios a este interior camino, o en falta del director, lo conocerá la misma alma por algún libro que trate de estas materias, enviado de la divina providencia para descubrir lo que sin conocer experimentaba dentro de su interior. Pero aunque se asegurara por la luz del libro a dejar la meditación por la quietud de la contemplación, siempre le quedará un ardiente deseo de ser más perfectamente instruida.

23. Y para que lo sea en este punto, quiero darla las señales por donde conocerá esta vocación a la contemplación. La primera y principal es no poder meditar, y si medita es con notable inquietud y fatiga, mientras no provenga de la indisposición del cuerpo, ni desazón del natural, ni de humor melancólico, ni sequedad nacida de la falta de preparación.

24. Conoceráse que no es ninguna de estas faltas, sino vocación verdadera, cuando se le pasa un día, un mes y muchos meses sin poder discurrir en la oración. *Llévala el Señor al alma por la contemplación* (dice la Santa Madre Teresa) *y queda el entendimiento muy inhabilitado para meditar en la pasión de Cristo, que como la meditación es todo buscar a Dios, como una vez se halla y queda acostumbrada el alma por obra de la voluntad a volverle a buscar, no quiere cansarse con el entendimiento* (Moradas, 6, cap. 7). Hasta aquí la Santa.

25. La segunda señal es que, aunque le falta la devoción sensible, busca la soledad y huye la conversación. La tercera, que la lección de los espirituales libros le suele dar tedio, porque no le hablan de la interior suavidad que está dentro de su interior, sin que lo conozca. La cuarta, que si bien está privada del discurso, con todo esto se halla con propósito firme de perseverar en la oración. La quinta" que reconocerá un conocimiento grande y confusión de sí misma, aborreciendo la culpa y haciendo de Dios más alta estima.

26. La otra contemplación es perfecta e infusa, en la cual (como dice Santa Teresa) *habla Dios al hombre, suspendiéndole el entendimiento y atajándole el pensamiento, y tomándole (como dicen) la palabra de la boca, que aunque quiera no puede hablar si no es con mucha pena. Entiende que sin ruido de palabras le está enseñando este divino Maestro, suspendiéndole las potencias, porque entonces antes dañarían*

que aprovecharían si obrasen. Gozan sin entender cómo gozan. Está el alma abrasándose en amor, y no entiende cómo ama; conoce que goza de lo que ama, y no sabe cómo lo goza; bien entiende que no es gozo, que alcanza el entendimiento a desearlo; abrázale la voluntad sin entender cómo, mas no pudiendo entender algo, ve que no es éste bien que se puede merecer con todos los trabajos que se pasen juntos por ganarle en la tierra. Es don del Señor de ella y del Cielo, que en fin da como quien es y a quien quiere y como quiere. En lo cual su Majestad es el que todo lo hace, que es obra suya sobre nuestro natural. (Camino de perfección, cap. 25.) Todo es de la Santa Madre. Por donde se infiere que esta contemplación perfecta es infusa, la cual da el Señor graciosamente a quien quiere.

Advertencia IV. Asunto de este libro, que es desarraigar
la rebeldía de nuestra propia voluntad para alcanzar la
interior paz

27. El camino de la interior paz es ajustarnos en todo con lo que la divina voluntad dispone: *In omnibus debemus subjicere voluntatem nostram voluntati divinae, haec est enim pax voluntatis nostrae, ut sit per omnia conformis voluntati divinae (Hugo Cardinalis in Psal. 13)*. Los que todo quieren que suceda y se haga conforme a su gusto no han llegado a conocer este camino *(Viam pacis non cognoverunt, Psal. 13)* ni quieren andar por él, y así viven una vida amarga y desabrida, siempre inquietos y alterados, sin encontrar con el camino de la paz, que es el de la total conformidad con la divina voluntad.

28. Esta conformidad es el yugo suave que nos introduce en la región de la paz y serenidad interior. Por donde co-

noceremos que la rebeldía de nuestra voluntad es la causa principal de nuestra inquietud y que por no sujetarnos al yugo suave de la divina, padecemos tantas turbaciones y desasosiegos. ¡Oh almas!, si rindiéramos nuestra voluntad a la divina y a todas sus disposiciones, ¡qué tranquilidad experimentaríamos, qué suave paz, qué serenidad interior, qué suma felicidad y remedo de la bienaventuranza! Este pues ha de ser el asunto de este libro; quiera el Señor darme la divina luz para descubrir las secretas sendas de este interior camino, y suma felicidad de la perfecta paz.

Libro I

Capítulo I. Para que Dios descanse en el alma, se ha de pacificar siempre el corazón en cualquiera inquietud, tentación y tribulación

1. Has de saber que es tu alma el centro, la morada y reino de Dios. Pero para que el gran rey descanse en ese trono de tu alma, has de procurar tenerla limpia, quieta, vacía y pacífica. Limpia de culpas y defectos; quieta de temores; vacía de afectos, deseos y pensamientos; y pacífica en las tentaciones y tribulaciones.

2. Debes pues tener siempre pacífico el corazón para conservar puro ese vivo templo de Dios, y con recta y pura intención has de obrar, orar, obedecer y sufrir sin género de alteración cuanto el Señor fuere servido de enviarte. Porque es cierto que por el bien de tu alma y tu espiritual provecho ha de permitir al envidioso enemigo turbe esa ciudad de quietud y trono de paz con tentaciones, sugestiones y tribulaciones, y por medio de las criaturas, con penosas molestias y grandes persecuciones.

3. Está constante y pacifica tu corazón en cualquiera inquietud que te ocasionaren estas tribulaciones. Éntrate allá dentro para vencerlas, que allí está la divina fortaleza que te defiende, te ampara y por ti guerrea. Si un hombre tiene una segura fortaleza, no se inquieta aunque le persigan los enemigos, porque en entrándose allá dentro, quedan burlados y vencidos. El castillo fuerte para triunfar de tus enemigos visibles e invisibles y de todas sus acechanzas y tribulaciones está dentro de tu misma alma, porque allí reside la divina

ayuda y el soberano socorro; éntrate allá dentro y todo quedará quieto, seguro, pacífico y sereno.

4. Tu principal y continuo ejercicio ha de ser pacificar ese trono de tu corazón para que repose en él el soberano rey. El modo de pacificarlo ha de ser entrándote dentro de ti mismo, por medio del interior recogimiento. Todo tu amparo ha de ser la oración y recogimiento amoroso en la divina presencia. Cuando te vieres más combatida, retírate a esa región de paz, donde hallarás la fortaleza. Cuando más pusilánime, recógete a ese refugio de la oración, única arma para vencer al enemigo y sosegar la tribulación. No te has de apartar de ella en la tormenta, hasta que experimentes, como otro Noé, la tranquilidad, la seguridad y serenidad, y hasta que tu voluntad se halle resignada, devota, pacífica y animosa.

5. Finalmente, no te aflijas ni desconfíes por verte pusilánime. Vuélvete a quietar, siempre que te alteres; porque solo quiere este divino Señor de ti, para reposar en tu alma y hacer un rico trono de paz en ella, que busques dentro de tu corazón, por medio del interior recogimiento y con su divina gracia, el silencio en el bullicio, la soledad en el concurso, la luz en las tinieblas, el olvido en el agravio, el aliento en la cobardía, el ánimo en el temor, la resistencia en la tentación, la paz en la guerra y la quietud en la tribulación.

Capítulo II. Aunque el alma se vea privada del discurso, debe perseverar en la oración y no afligirse, porque ésa es su mayor felicidad

6. Hallaráste, como todas las demás almas a quienes el Señor llama al camino interior, llena de confusión y dudas por haberte faltado el discurso en la oración. Te parecerá que ya Dios no te ayuda como antes, que no es para ti el ejercicio de

la oración, que pierdes el tiempo, pues no puedes, aun con fatiga, hacer un solo discurso como solías.

7. ¿Qué aflicciones y perplejidades te causará esta falta de discurso? Y si en esta ocasión no tienes un padre espiritual experimentado en el camino místico, te crecerá a ti la pena y a él la confusión. Juzgará que no está bien dispuesta tu alma y que para la seguridad de tu conciencia tienes necesidad de una general confesión, y no se sacará más fruto de la diligencia que la confusión de entrambos. Oh, cuántas almas son llamadas al interior camino y, en vez de guiarlas y adelantarlas, los padres espirituales, por no entenderlas, las detienen el curso y las arruinan.

8. Debes pues persuadirte, para no volver atrás cuando te faltare el discurso en la oración, que ésa es tu mayor felicidad, porque es señal clara te quiere hacer caminar el Señor por fe y silencio en su divina presencia, cuya senda es la más provechosa y la más fácil, porque con una sencilla vista o amorosa atención a Dios se representa el alma como un humilde mendigo delante de su Señor o como un niño sencillo se arroja en el suave y seguro seno de su amada madre. Así lo dijo Gerson: *Ego licet per quadraginta annos vacaverim lectioni et orationi, tamen nihil efficatius, et ad consecutionem misticae Theologiae compendiosius invenire potui, quam si spiritus noster fiat coram Deo tamquam parvulus et mendicus.*

9. No solo es esta oración la más fácil, pero es también la más segura, porque está libre de las operaciones de la imaginación, sujeta siempre a los engaños del demonio y a los movimientos del humor melancólico y de discursos, en los cuales el alma fácilmente se distrae y con la especulación se enmaraña, mirándose a sí misma.

10. Queriendo Dios enseñar a su caudillo Moisés *(Exod.* 34)* y darle las tablas de piedra con la divina ley escrita, le llamó a la falda del monte, en cuyo instante, estando Dios en él, quedó el monte tenebroso, circuido de oscuras y densas nubes, y Moisés ocioso, sin saber ni poder discurrir nada. Después de siete días, mandó a Moisés subir a lo alto del monte, donde se le manifestó glorioso y le llenó de gran consuelo.

11. Así a los principios que Dios quiere con extraordinario modo conducir al alma a la escuela de las divinas y amorosas noticias de la interior ley, la hace caminar con tinieblas y sequedades para acercarla a sí, porque sabe muy bien la divina Majestad que para llegarse a él y entender los divinos documentos no es el medio el de la propia industria y discurso, sino el de la resignación con silencio.

12. Qué grande ejemplo nos dio el Patriarca Noé. Después de haberle todos tenido por loco, y estar en medio de un indómito mar, inundado por todo el mundo, sin velas ni remos, circuido de feroces animales dentro de la cerrada arca, caminó con solo la fe, sin saber ni entender lo que Dios quería hacer de él.

13. Lo que a ti más te importa, oh alma redimida, es la paciencia y no dejar la empresa de la oración, aunque no puedas discurrir; camina con la firme fe y con el santo silencio, muriendo en ti misma con todas tus naturales industrias, que Dios es quien es y no se muda ni puede errar ni querer otra cosa que tu bien. Claro está que quien ha de morir es fuerza que lo sienta; pero qué bien empleado tiempo el estar el alma muerta, muda y resignada en la divina presencia, para recibir sin embarazo las divinas influencias.

14. De los divinos bienes no son capaces los sentidos; y así, si tú quieres ser feliz y sabia, calla y cree, sufre y ten paciencia, confía y camina, que más te importa el callar y dejarte llevar de la divina mano que cuantos bienes hay en el mundo

y aunque te parecerá que no haces nada y que estás ociosa, estando así, muda y resignada, es infinito el fruto.

15. Mira el jumentillo vendado, dando vueltas a la rueda del molino, que si bien no ve ni sabe lo que hace, obra mucho en moler el trigo, y aunque él no lo guste, tiene su dueño el fruto y el gusto. ¿Quién no juzgará que en tanto tiempo que está la semilla debajo de la tierra no está ya perdida? y después se ve salir, crecer y multiplicar. Lo mismo hace Dios en el alma cuando la priva de la consideración y discurso, pues pensando ella no hacer nada y estar perdida, se halla con el tiempo medrada, desapegada y perfecta, sin haber jamás esperado tanta dicha.

16. Procura pues no afligirte ni volver atrás, aunque no puedas discurrir en la oración; sufre, calla y ponte en la divina presencia, persevera con confianza y fía de su infinita bondad, que te ha de dar la constante fe, la verdadera luz y la divina gracia. Camina a ciegas vendada, sin pensar ni discurrir; ponte en sus amorosas y paternales manos, sin querer hacer otra cosa que su divino beneplácito.

Capítulo III. Prosigue lo mismo

17. Es común sentir de todos los santos que han tratado de espíritu, y de todos los maestros místicos, que no puede el alma llegar a la perfección y unión con Dios por medio de la meditación y discurso; porque solo aprovecha par a comenzar el camino espiritual hasta alcanzar un hábito de propio conocimiento, de la hermosura de la virtud y de la fealdad del vicio, cuyo hábito en opinión de Santa Teresa, se puede alcanzar en seis meses, y en la de San Buenaventura, en dos. (*Prólog. Mistica Theolog.*)

18. Oh, qué compasión se les ha de tener a casi infinitas almas que desde que comienzan hasta que acaban la vida

se emplean en mera meditación, haciéndose violencia para discurrir, aunque Dios las prive del discurso para pasarlas a otro estado y oración más perfecta y así se quedan, después de muchos años, imperfectas y al principio, sin hacer progreso ni aun dar un paso en el camino del espíritu, rompiéndose la cabeza con la composición de lugar, con la lección de puntos, imaginaciones y forzados discursos, buscando a Dios por afuera, teniéndole dentro de sí mismas.

19. De esto se lamentó San Agustín, en el tiempo que Dios le conducía al camino místico, diciéndole a su Majestad: Yo erré, Señor, como la ovejuela perdida, buscándote con industrioso discurso fuera, estando tú dentro de mí; mucho trabajé buscándote fuera de mí, y tú tienes tu habitación dentro de mí, si yo te deseo y anhelo por ti. Rodeé las calles y las plazas de la ciudad de este mundo buscándote, y no te hallé; porque mal buscaba fuera lo que estaba dentro de mí mismo (*Soliloquio*, cap. 31).

20. Véase al Doctor Angélico Santo Tomás, que con ser en todos sus escritos tan circunspecto, parece se burle de aquellos que por afuera van siempre buscando a Dios por discurso, teniéndole presente dentro de sí mismos: Gran ceguedad, y demasiada necedad (dice el Santo) hay en algunos que siempre buscan a Dios, continuamente suspiran por Dios, frecuentemente desean a Dios; claman y llaman cada día a Dios en la oración, siendo ellos mismos (según el Apóstol) templo vivo de Dios y su verdadera habitación, siendo su alma la silla y trono de Dios, en la cual continuamente descansa. ¿Quién, pues, sino un necio, busca fuera el instrumento, sabiendo que lo tiene encerrado dentro de casa? ¿O quién se conforta con el manjar que apetece y no gusta? Así es la vida de algunos justos, siempre buscando y nunca gozando, y así todas sus obras son menos perfectas (*Opus* c. 63, cap. 3).

21. Es constante que Cristo Señor nuestro enseñó a todos la perfección y quiere siempre que todos sean perfectos, con especialidad los idiotas y sencillos. Claramente manifestó esta verdad cuando eligió para su apostolado a los más ignorantes y pequeños, diciendo a su Eterno Padre: Te confieso y doy las gracias, oh Padre eterno, porque escondiste esta divina ciencia de los sabios y prudentes, y la manifestaste a los sencillos y pequeñuelos (*Matth*. 11). Y es cierto que éstos no pueden alcanzar la perfección por agudas meditaciones y sutiles consideraciones, pero son capaces como los más doctos para poder llegar a la perfección por los afectos de la voluntad, donde más principalmente consiste.

22. Enseña San Buenaventura a no pensar en ninguna cosa, ni aun en Dios, porque es imperfección el tener formas, imágenes y especies, por sutiles que sean, así de la voluntad como de la bondad, trinidad y unidad, y aun de la misma esencia divina; porque todas estas especies e imágenes, aunque parezcan deiformes, no son ellas Dios, el cual no admite imagen ni forma alguna. *Non ibi* (dice el Santo) *oportet cogitare res de creaturis nec de angelis nec de Trinitate, quia haec sapientia per afectus desideriorum, non per meditationem praeviam habet consurgere* (Mistica Theolog. par. 2. q. única). Importa no pensar aquí nada de las criaturas, de los ángeles ni del mismo Dios, porque esta sabiduría y perfección no se engendra por la meditación sutil, sino por el deseo y afecto de la voluntad.

23. No puede el Santo hablar con más claridad, y te inquietarás tú y aun querrás dejar la oración, porque no puedes o no sabes discurrir en ella, pudiendo tener buena voluntad, buen deseo y pura intención. Si en los hijuelos de los cuervos, desamparados de sus padres por pensar degeneraron viéndoles sin plumas negras, obra Dios con su rocío porque no pe-

rezcan ¿qué hará en las almas redimidas, aunque no puedan hablar ni discurrir, si creen, confían y abren la boca hacia el cielo manifestando su necesidad? ¿No es más que cierto ha de proveer la divina bondad dándoles el alimento necesario?

24. Claro está que es gran martirio, y no pequeño don de Dios, hallándose el alma privada de los sensibles gustos que tenía, caminar con sola la santa fe por las caliginosas y desiertas sendas de la perfección; pero no se puede llegar a ella sino por este penoso, aunque seguro medio y así procura estar constante y no volver atrás, aunque te falte el discurso en la oración; cree entonces con firmeza, calla con quietud y persevera con paciencia, si quieres ser dichosa y llegar a la divina unión, a la eminente quietud y suprema paz interior.

Capítulo IV. No se ha de afligir el alma ni ha de dejar la oración por verse rodeada de sequedades

25. Sabrás que hay dos maneras de oración, una tierna, regalada, amorosa y llena de sentimientos; otra oscura, seca, desolada, tentada y tenebrosa. La primera es de principiantes, la segunda de aprovechados y que caminan a ser perfectos. La primera, la da Dios para ganar a las almas, la segunda para purificarlas. Con la primera los trata como a niños y miserables, con la segunda los comienza a tratar como a fuertes.

26. Aquel primer camino se puede llamar vida animal, y es de aquellos que van en busca de la devoción sensible, la cual suele dar Dios a los principiantes, para que llevados de aquel gustillo, como el animal del objeto sensible, se den a la vida espiritual. El segundo se llama vida de hombres, y es de aquellos que, no procurando dulzura sensible, pelean y batallan contra las propias pasiones para conquistar y alcanzar la perfección, que es empleo propio de hombres.

27. Asegúrate que la sequedad es el instrumento de tu bien, porque no es otra cosa que falta de sensibilidad, rémora que hace detener el vuelo casi a todos los espirituales, y aun los hace volver atrás, y dejar la oración, como se ve en muchísimas almas que perseveran solo mientras gustan el sensible consuelo.

28. Sabe que se vale el Señor del velo de las sequedades para que no sepamos lo que obra dentro de nosotros, y con eso nos humillemos; porque si sintiéramos y reconociéramos lo que obra dentro de nuestras almas, entrara la satisfacción y presunción, pensando hacíamos alguna cosa y entendiendo estábamos muy cerca de Dios, con que nos vendríamos a perder.

29. Asienta por cierto en tu corazón que se ha de quitar primero toda la sensibilidad para caminar por el interior camino, y el medio de que Dios se vale son las sequedades. Por éstas quita también la reflexión o vista con que mira el alma lo que hace, único embarazo para pasar adelante y para que Dios se comunique y obre en ella.

30. No debes pues afligirte ni pensar no sacas fruto por no experimentar, en saliendo de la comunión u oración, muchos sentimientos, porque es engaño manifiesto. El labrador siembra en un tiempo y coge en otro. Así Dios, en las ocasiones y a su tiempo, te ayudará a resistir a las tentaciones y te dará, cuando menos lo pienses, santos propósitos y más eficaces deseos de servirle y rara que no te dejes llevar de la vehemente sugestión de enemigo, que envidioso te persuadirá no haces nada y que pierdes el tiempo para que dejes la oración, te quiero declarar algunos de los infinitos frutos que saca tu alma de estas grandes sequedades.

31. El primero es perseverar en la oración, de cuyo fruto se originan otros muchos.

El segundo, experimentarás un tedio de las cosas del mundo, el cual va poco a poco arrojando los malos deseos de la vida pasada y produciendo otros nuevos de servir a Dios.

El tercero, repararás en muchas faltas que antes no reparabas.

El cuarto, reconocerás, cuando vas a hacer alguna cosa mala, una advertencia en tu corazón que te refrena para que no la ejecutes, y otras veces para que no hables, para que no te quejes o te vengues, para que te prives de algún gustillo de la tierra o para que huyas de esta o aquella ocasión o conversación a que antes ibas y estabas muy quieto, sin ninguna advertencia o estímulo de la conciencia.

El quinto, que después de haber caído, como flaco, en alguna leve culpa, sentirás dentro de tu alma una represión que te afligirá sobremanera.

El sexto, sentirás dentro de ti deseos de padecer y hacer la voluntad de Dios.

El séptimo, inclinación a la virtud y facilidad más grande en vencerte y vencer las dificultades de las pasiones y enemigos que te embarazan el camino.

El octavo, reconocerás un gran conocimiento, y aun confusión de ti misma, y estima grande de Dios sobre todo lo criado, desprecio de las criaturas y una firme resolución de no dejar la oración, aunque sepas te ha de ser de cruelísimo martirio.

El noveno, sentirás mayor paz en el alma, amor a la humildad y mortificación, confianza en Dios, sumisión y despego de todas las criaturas y, finalmente, cuantos pecados habrás dejado de hacer desde que tienes oración, todo es efecto de que el Señor obra dentro de tu alma sin que lo conozcas por medio de la oración seca, aun que no lo sientas mientras estás en ella, sino a su tiempo y ocasión.

32. Todos estos frutos y otros muchos son como nuevos pimpollos que nacen de la oración que tú quieres dejar por parecerte que estás seca, que no ves fruto ni te aprovechas en ella. Está constante y persevera con paciencia que, aunque tú no lo conoces, se aprovecha tu alma.

Capítulo V. Prosigue lo mismo, declarando cuántas maneras hay de devoción y cómo se debe despreciar la sensible y que el alma, aunque no discurra, no está ociosa

33. Dos maneras hay de devoción: la una es esencial y verdadera; la otra, accidental y sensible. La esencial es una prontitud de ánimo para bien obrar, para cumplir los mandamientos de Dios y hacer todas las cosas de su servicio, aunque por la flaqueza humana no se pongan en ejecución como se desea (S. Thom., 2. 2. q. 82, arto 1; Suárez, *De relig.*, II, lib. 2, cap. 6, núms. 16 y 18). Esta es verdadera devoción, aunque no se sienta gusto, dulzura, suavidad ni lágrimas; antes suele tenerse con tentaciones, sequedades y tinieblas.

34. La devoción accidental y sensible es cuando a los buenos deseos se le junta blandura de corazón, ternura, lágrimas u otros afectos sensibles (S. Bern., *Serm.* I. *Nativ. Dom.*; Suárez, *ibid.*; Molina, *De oratione*, cap. 6). Esta no se ha de buscar, antes es lo más seguro tener la voluntad desapegada y despreciarla, porque a más de que suele ser peligrosa, es de grande embarazo para hacer progreso y pasar adelante en el interior camino y así solo debemos abrazar la devoción verdadera y esencial, la cual siempre está en nuestra mano el procurarla, y haciendo cada uno de su parte lo que pudiere la alcanzará, ayudado de la divina gracia. Y ésta se puede tener

con Dios, con Cristo, con los misterios, con la Virgen y con los santos. (S. Thom. y Molina, *ibid.*)

35. Piensan algunos cuando se les da la devoción y gusto sensible que son favores de Dios y que ya entonces le tienen, y toda la vida es ansiar por ese regalo; y es engaño, porque no es otra cosa que un consuelo de la naturaleza y una pura reflexión con que el alma mira lo que hace, la cual impide que se haga ni se pueda hacer nada ni se alcance la verdadera luz ni se dé un paso en el camino de la perfección. El alma es puro espíritu y no se siente; así los actos interiores y de la voluntad, como son del alma y espirituales, no son sensibles, con que no conoce el alma si ama ni siente las más veces si obra.

36. De ahí inferirás que aquella devoción y gusto sensible no es Dios ni espíritu, sino cebo de la naturaleza, y así debes despreciarle y no hacer caso y perseverar con firmeza en la oración, dejándote guiar del Señor, que él te será luz en las sequedades y tinieblas.

37. No creas cuando estás seca y tenebrosa en la presencia de Dios por fe y silencio que no haces nada, que pierdes tiempo y que estás ociosa, porque este ocio del alma, según dice San Bernardo, es el negocio de los negocios de Dios: *Hoc otium magnum est negotium.* Y más abajo dice: «La ociosidad es no vacar a Dios, porque éste es el negocio de todos los negocios: *Otiosum est non vacare Deo, immo negotium negotiorum omnium hoc est*» (*Tract. de vita solit.*, t. 5, cap. 8).

38. Ni se ha de decir que le está ociosa el alma, porque aunque no obra activa, obra en ella el Espíritu Santo. A más que no está sin ninguna actividad, porque obra, aunque espiritual, sencilla e íntimamente. Porque estar atenta a Dios, llegarse a él, seguir sus internas inspiraciones, recibir sus divinas influencias, adorarle en su íntimo centro, venerarle con

un pío afecto de la voluntad, arrojar tantas y tan fantásticas imaginaciones que ocurren en el tiempo de la oración, y vencer con la suavidad y el desprecio tantas tentaciones, todos son verdaderos actos, aunque sencillos y totalmente espirituales y casi imperceptibles, por la tranquilidad grande con que el alma los produce.

Capítulo VI. No se ha de inquietar el alma por verse cercada de tinieblas, porque éstas son el instrumento de su mayor felicidad

39. Hay dos maneras de tinieblas, unas infelices y felices otras. Las primeras son las que nacen del pecado, y éstas son desdichadas, porque conducen al cristiano al eterno precipicio. Las segundas son las que el Señor permite en el alma para fundarla y establecerla en la virtud, y éstas son dichosas, porque la iluminan, la fortalecen y ocasionan mayor luz y así, no has de turbarte, afligirte ni desconsolarte por verte oscura y tenebrosa, juzgando que Dios te falta y también la luz que antes experimentabas; antes bien, debes entonces perseverar con confianza en la oración, porque es señal manifiesta que Dios por su misericordia quiere introducirte en la interior senda y dichoso camino del Paraíso. ¡Oh, qué dichosa serás si las abrazas con paz y resignación, como instrumentos de la perfecta quietud, de la verdadera luz y de todo tu espiritual bien!

40. Sabe, pues, que el camino de las tinieblas es de los que se aprovechan, y el más perfecto, seguro y derecho, porque en ellas hace el Señor su trono: *Et posuit tenebras latibulum suum* (*Psal.* 17). Por ellas crece y se hace grande la luz sobrenatural que Dios infunde en el alma. En medio de ellas se engendra la sabiduría y el amor fuerte. Por ellas se aniquila

el alma y se consumen las especies que embarazan la vista derecha de la divina verdad. Por este medio introduce Dios al alma por el interior camino en oración de quietud y perfecta contemplación, tan de pocos experimentada. Por ellas, finalmente, purifica el Señor los sentidos y sensibilidades que embarazan el camino místico.

41. Mira si se han de estimar y abrazar las tinieblas. Lo que debes hacer en medio de ellas es creer estás delante del Señor y en su presencia, pero ha de ser con una atención suave y quieta. No quieras saber nada ni busques regalos, ternuras ni sensibles devociones, ni quieras hacer otra cosa que el divino beneplácito, porque de otro modo no harás en toda tu vida otra cosa que círculos y no darás un paso en la perfección.

Capítulo VII. Para que el alma llegue a la suprema paz interior, es necesario que Dios la purgue a su modo, porque no bastan los ejercicios y mortificaciones que ella puede tomar por su mano

42. Luego que te resolvieres con firmeza a mortificar tus exteriores sentidos para caminar al alto monte de la perfección y unión con Dios, tomará su Majestad la mano para purgar tus malas inclinaciones, desordenados apetitos, vana complacencia y propia estima, y otros ocultos vicios que tú no conoces y reinan en lo íntimo de tu alma e impiden la divina unión.

43. No llegarás jamás a este dichoso estado por más que te fatigues con los ejercicios exteriores de mortificación y resignación, hasta que interiormente este Señor te purgue y ejercite a su modo, porque él solo sabe cómo se han de purgar los defectos secretos. Si tú perseveras con confianza, no solo te purgará de los afectos y apegos de los bienes naturales y temporales, pero a su tiempo te purificará también de los

sobrenaturales y sublimes, como son las comunicaciones internas, los raptos y éxtasis interiores, y otras infusas gracias donde se apoya y entretiene el alma.

44. Todo esto hará Dios en tu alma por medio de la cruz y sequedad, si tú libremente le das el consentimiento por la resignación, caminando por estos desiertos y tenebrosos caminos. Lo que tú has de hacer será no hacer nada por sola tu elección. La correspondencia de tu libertad y lo que tú debes hacer ha de ser únicamente callar y sufrir, resignándote con quietud en todo lo que el Señor interior y exteriormente te quisiere mortificar, porque éste es el único medio para que tu alma llegue a ser capaz de las divinas influencias (mientras sufrieres la interior y exterior tribulación con humildad, quietud y paciencia), no las penitencias, ejercicios y mortificaciones que por tu mano puedes tomar.

45. Más estima el labrador las hierbas que planta en la tierra que aquellas que por sí solas nacieron, porque éstas no llegan jamás a sazonarse. Del mismo modo estima Dios con más caricia la virtud que siembra e infunde en el alma (mientras se halle sumergida en su nada, quieta, tranquila, retirada en su centro y sin ninguna elección) que todas las demás virtudes que pretende conquistar por su elección y propiedad.

46. Lo que importa es preparar tu corazón a manera de un blanco papel, donde pueda la divina sabiduría formar los caracteres a su gusto. ¡Oh, qué grande obra será para tu alma estar en la oración las horas enteras, muda, resignada y humillada, sin hacer, sin saber ni querer entender nada!

Capítulo VIII. Prosigue lo mismo
47. Con nuevo esfuerzo te ejercitarás, pero de otro modo que hasta aquí, dando tu consentimiento para recibir las secretas

y divinas operaciones y para dejarte labrar y purificar de este divino Señor, que es el único medio para que quedes limpia y purgada de tus ignorancias y disoluciones. Pero sabe que has de ser sumergida en un amargo mar de dolores y penas interiores y externas, cuyo tormento te penetrará lo más íntimo del alma y del cuerpo.

48. Experimentarás el desamparo de las criaturas, y aun de aquellas de quienes más fiabas te habían de favorecer y compadecer en tus angustias. Se secarán los cauces de tus potencias sin poder hacer discurso alguno, ni aun tener un buen pensamiento de Dios. El cielo te parecerá de bronce, sin recibir de él ninguna luz. Ni te consolará el pensamiento de haber llovido en tu alma en el tiempo pasado tanta luz y devoto consuelo.

49. Te perseguirán los enemigos invisibles con escrúpulos, con sugestiones libidinosas y pensamientos inmundos, con incentivos de impaciencia, soberbia, rabia, maldición y blasfemias del nombre de Dios, de sus sacramentos y santos misterios. Sentirás una gran tibieza, tedio y fastidio para las cosas de Dios; una oscuridad y tiniebla en el entendimiento; una pusilanimidad, confusión y apretura de corazón; una frialdad y flaqueza en la voluntad para resistir, que una pajita te parecerá una viga. Será tu desamparo tan grande que te parecerá que para ti ya no hay Dios y que estás imposibilitada de tener un buen deseo; con que quedarás como entre dos paredes encerrada en continuo afán y apretura, sin tener esperanza de salir de tan tremenda opresión.

50. Pero no temas, que todo esto es necesario para purgar tu alma y darla a conocer su miseria, tocando con las manos la aniquilación de todas las pasiones y desordenados apetitos con que ella se alegraba. Finalmente, hasta que el Señor te labre y purifique a su modo con estos interiores tormentos no arrojarás al Jonás del sentido en el mar, por más que lo

procures con tus exteriores ejercicios y mortificaciones, ni tendrás luz verdadera ni darás un paso en la perfección, con que te quedarás a los principios y tu alma no llegará a la amorosa quietud y suprema paz interior.

Capítulo IX. No se ha de inquietar el alma ni ha de volver atrás en el espiritual camino por verse combatida de tentaciones

51. Es tan vil, tan soberbio y ambicioso nuestro propio natural, y tan lleno de su apetito y de su propio juicio y parecer, que si la tentación no le refrenara, sin remedio se perdería. Movido, pues, el Señor de compasión, viendo nuestra miseria y perversa inclinación, permite que vengan varios pensamientos contra la fe y horribles tentaciones y vehementes y penosas sugestiones de impaciencia, soberbia, gula, lujuria, rabia, blasfemia, maldición, desesperación y otras infinitas, para que nos conozcamos y nos humillemos. Con estas horribles tentaciones humilla aquella infinita bondad nuestra soberbia, dándonos en ellas la más saludable medicina.

52. Todas nuestras obras, según dice Isaías (64,6), son como los paños manchados, por las manchas de la vanidad, satisfacción y amor propio. Es necesario que se purifiquen con el fuego de la tribulación y tentación para que sean limpias, puras, perfectas y agradables a los divinos ojos.

53. Por eso el Señor purifica al alma que llama y quiere para sí con la lima sorda de la tentación. Con ella la limpia de la escoria de la soberbia, avaricia, vanidad, ambición, presunción y estima propia. Con ella la humilla, la pacifica y ejercita y hace conocer su miseria. Por ella purifica y desnuda el corazón, para que todas las obras que haga sean puras y de inestimable precio.

54. Muchas almas, cuando padecen estos penosos tormentos, se turban, se afligen y se inquietan, pareciéndoles que ya en esta vida comienzan a padecer los eternos castigos. Y si por desgracia llegan al confesor que no tiene experiencia, en vez de consolarlas, las deja más confusas y embarazadas.

55. Es necesario creer, para no perder la paz interior, que es fineza de la divina misericordia cuando así te humilla, aflige y ejercita, pues por este medio llega tu alma a tener un profundo conocimiento de sí misma, juzgando que es la peor, la más mala y la más abominable de la tierra, con que vive humilde, baja y aborrecida de sí misma. ¡Oh, qué dichosas serían las almas si se quietasen y creyesen que todas estas tentaciones son ocasionadas del demonio y recetadas de la divina mano para su ganancia y espiritual provecho!

56. Pero dirás que no es obra del demonio cuando te molesta por medio de las criaturas, sino efecto de la culpa del prójimo y de su malicia por haberte agraviado y ultrajado. Sabrás que ésa es otra sutil y solapada tentación, porque aunque Dios no quiere el pecado ajeno, quiere en ti su efecto y el trabajo que se te origina de la ajena culpa, para ver en ti logrado el bien de la paciencia.

57. Te hace un hombre una injuria; aquí hay dos cosas: el pecado de quien la hace y la pena que tú padeces. El pecado es contra la voluntad de Dios; la pena es conforme a su voluntad y la quiere para tu bien, y así la has de recibir como de su mano. La pasión y la muerte de Cristo Señor nuestro, efectos fueron de la malicia y pecados de Pilato, y es cierto la quiso Dios en su Hijo para nuestro remedio.

58. Mira cómo se sirve el Señor de la culpa ajena para el bien de tu alma. ¡Oh grandeza de la divina sabiduría! ¡Quién podrá investigar el abismo de vuestros secretos y los medios

extraordinarios y caminos oscuros por donde conducís al alma que la queréis purgar, transformar y deificar!

Capítulo X. Prosigue lo mismo

59. Para que el alma sea habitación del Rey celestial es necesario que esté limpia sin género de mancha, por eso el Señor como al oro la purifica en el fuego de la horrible y penosa tentación. Es cierto que nunca ama más ni cree el alma que cuando anda con estas tentaciones afligida y trabajada; porque aquellas dudas y recelos que la circuyen, si cree o no cree, si consiente o no consiente, no son otra cosa que finezas del amor.

60. Bien claramente lo manifiestan los efectos que quedan en el alma, que de ordinario son un desabrimiento de sí misma, con un profundísimo conocimiento de la grandeza y omnipotencia de Dios. Una gran confianza en el Señor, que la ha de librar de todos los riesgos y peligros, con mucha mayor fortaleza en la fe, creyendo y confesando ser Dios el que da las fuerzas para sufrir el tormento que ocasionan estas tentaciones, porque fuera imposible resistir naturalmente un cuarto de hora, según la fuerza y vehemencia con que algunas veces aprietan.

61. Debes, pues, conocer que tu mayor felicidad es la tentación, y así cuando más te apretare has de alegrarte con paz, en vez de entristecerte, y agradecer a Dios el beneficio que te hace. El remedio que has de tener en todas estas tentaciones y abominables pensamientos es despreciarlos con una sosegada disimulación, porque no hay cosa que más lastime al demonio, como soberbio, que verse despreciado y que no se hace caso de él ni de lo que nos trae a la memoria y así te has de portar con él como quien no lo oye, y has de estarte en

tu paz sin inquietarte y sin multiplicar razones y respuestas, porque no hay cosa tan peligrosa como trabar razones con quien tan presto nos puede engañar.

62. Los santos, para llegar a serlo, por este penoso medio de la tentación pasaron, y cuanto más santos llegaron a ser, mayores tentaciones padecieron y aun después que llegaron a ser santos y perfectos, permite el Señor sean tentados con vehementes tentaciones, para que sea mayor su corona y para reprimir en ellos el espíritu de la vanidad, o por no dar lugar a que entre, trayéndolos así seguros, humillados y desvelados del estado que tienen.

63. Finalmente, has de saber que la mayor tentación es estar sin tentación; y así debes alegrarte cuando te acometiere, y resistir a ella con paz, confianza y resignación, porque si quieres servir a Dios y llegar a la alta región de la interior paz, por esta penosa senda de la tentación has de pasar, con estas pesadas armas te has de vestir, en esta cruel y abominable guerra has de batallar y por este fuego abrasador te has de pulir, renovar y purificar.

Capítulo XI. Se declara qué cosa sea recogimiento
interior, y cómo se ha de portar el alma en él y en
la espiritual guerra conque el demonio procura
perturbarla en aquella hora

64. El recogimiento interior es fe y silencio en la presencia de Dios. Por aquí te has de habituar a recogerte en su presencia con una atención amorosa, como quien se entrega y une a Dios con reverencia, humildad y su misión, mirándole dentro de ti misma en lo más íntimo de tu alma, sin forma, especie,

modo ni figura, en vista y general noticia de fe amorosa y oscura, sin alguna distinción de perfección o atributo.

65. Allí estarás con atención y vista sencilla, con advertencia tranquila y llena de amor al mismo Señor, resignándote y entregándote en sus manos para que disponga y ordene en ti según su beneplácito, sin hacer reflexión a ti misma, ni aun a la misma perfección. Allí cerrarás los sentidos poniendo en Dios el cuidado de todo tu bien, con una soledad y total olvido de todas las cosas de esta vida. Finalmente, la fe ha de ser pura, sin imágenes ni especies; sencilla, sin discursos; y universal, sin reflexión de cosas distintas.

66. La oración de recogimiento interior está figurada en aquella lucha que dice la Escritura tuvo toda la noche con Dios el patriarca Jacob, hasta que salió la luz del día y le bendijo; porque el alma ha de perseverar y luchar con las dificultades que sintiere en el recogimiento interior, sin desistir hasta que le amanezca la luz y el Señor la dé su bendición.

67. Aun no bien te habrás entregado a tu Dios en este interior camino, cuando todo el infierno se conjurará contra ti; porque una sola alma recogida interiormente en su presencia hace más guerra a los enemigos que mil de las otras que caminan exteriormente, porque saben la infinita ganancia de una alma interna.

68. Más estimará Dios en el tiempo del recogimiento la paz y resignación de tu alma en la variedad de pensamientos impertinentes, importunos y torpes, que los buenos propósitos y grandes sentimientos. El propio esfuerzo que harás para resistir los pensamientos, sabe que es impedimento y dejará a tu alma más inquieta; lo que importa es despreciarlos con suavidad, conocer tu miseria y ofrecer a Dios con paz la molestia.

69. Aunque no puedas salir del afán de los pensamientos ni sientas luz, consuelo ni espiritual sentimiento, no te aflijas ni dejes el recogimiento, porque son asechanzas del enemigo; resígnate entonces con fortaleza, padece con paciencia y persevera en su presencia, que mientras de esta manera perseverares se aprovecha interiormente tu alma.

70. Pensarás por salir seca de la oración, de la misma manera que la comenzaste, que es falta de preparación y que no sacas fruto; es engaño, porque el fruto de la verdadera oración no está en gustar de la luz ni tener noticia de las cosas espirituales, pues éstas se pueden hallar en el entendimiento especulativo sin la verdadera virtud y perfección. Solo está en padecer con paciencia y perseverar en fe y silencio, creyendo estás en la presencia del Señor, volviendo a él tu corazón con quietud y pureza de intención, que mientras de esta manera perseverares tienes la única preparación y disposición que en este tiempo necesitas, y cogerás infinito fruto.

71. Es muy ordinaria la guerra en este interior recogimiento. Dios por una parte te privará de la sensibilidad para probarte, humillarte y purgarte. Por otra te acometerán los enemigos invisibles con continuas sugestiones para inquietarte y estorbarte. Por otra te atormentará la misma naturaleza, enemiga siempre del espíritu, que en privándola de los gustos sensibles se queda floja, melancólica y llena de tedio, de manera que siente el infierno en todos los espirituales ejercicios, y especialmente en el de la oración, y así la aflige sobremanera el deseo de acabarla, por la molestia de los pensamientos, por el cansancio del cuerpo, por el sueño importuno y por no poder refrenar los sentidos, que cada uno por su parte quisiera seguir sus gustos. Dichosa tú, si en medio de este martirio perseveras.

72. Acredita todo esto con su celestial doctrina aquella gran doctora y mística maestra Santa Teresa en la epístola que escribió al obispo de Osma para instruirle cómo se había de portar en la oración y en la variedad de pensamientos importunos que acometen en aquella hora, donde dice: Es menester sufrir la importunidad del tropel de pensamientos e imaginaciones importunas e ímpetus de movimientos naturales, así del alma, por la sequedad y desunión que tiene, como del cuerpo, por la falta de rendimiento que al espíritu ha de tener (8. de su *Epistolario*).

73. Estas llaman sequedades los espirituales, pero muy provechosas si se abrazan y sufren con paciencia. El que se enseñare a padecerlas, sin rehusarlas, sacará infinito provecho de este trabajo. Es cierto que en el recogimiento se desata mucho más el demonio con el combate de pensamientos para desbaratar la quietud del alma y apartarla de aquel dulcísimo y segurísimo trato interior, poniéndola horror para que la deje, yendo a ella las más veces como si la llevasen a un tormento rigurosísimo.

74. Con este conocimiento dijo la Santa en la carta referida: Las aves, que son los demonios, pican y molestan al alma con las imaginaciones y pensamientos importunos y los desasosiegos que en aquella hora trae el demonio, llevando el pensamiento y derramándolo de una parte a otra; y tras el pensamiento se va el corazón, y no es poco el fruto de la oración sufrir estas molestias e importunidades con paciencia. Esto es ofrecerse en holocausto, que es consumirse todo el sacrificio en el fuego de la tentación, sin que de allí salga cosa de él. Véase cómo alienta esta celestial maestra a sufrir y padecer los pensamientos y tentaciones, porque mientras no se consientan, doblan la ganancia.

75. Tantas cuantas veces te ejercitaras en arrojar con suavidad estos vanos pensamientos, otras tantas coronas te pone el Señor en la cabeza, y aunque te parece no haces nada, desengáñate, que agrada al Señor mucho un buen deseo con firmeza y estabilidad en la oración.

76. Porque el estar allí (concluye la Santa) sin sacar nada, no es tiempo perdido, sino de mucha ganancia, porque se trabaja sin interés y por sola la gloria de Dios, que aunque le parece que trabaja en balde, no es así, sino que acontece como a los hijos que trabajan en las haciendas de sus padres, que aunque a la noche no llevan jornal, al fin del año lo llevan todo. Mira cómo califica la Santa nuestra enseñanza con su preciosa doctrina.

Capítulo XII. Prosigue lo mismo

77. No ama Dios más al que más hace, al que más siente ni al que muestra más afecto, sino al que más padece, si adora con fe y reverencia, creyendo que está en la divina presencia. Es verdad que el quitarle al alma la oración de los sentidos y de la naturaleza le es riguroso martirio; pero el Señor se alegra y se goza en su paz, si así se está quieta y resignada. No quieras en ese tiempo usar la oración vocal, porque aunque en sí es buena y santa, usarla entonces es declarada tentación, con la cual pretende el enemigo no te hable Dios al corazón, con pretexto de que no tienes sentimientos y que pierdes el tiempo.

78. No mira Dios las muchas palabras, sino al fin si es purificado. Su mayor contento y gloria en aquel tiempo es ver al alma en silencio, deseosa, humilde, quieta y resignada. Camina, persevera, ora y calla, que donde no hallarás sentimiento, hallarás una puerta para entrarte en tu nada,

conociendo que eres nada, que puedes nada, ni aun tener un buen pensamiento.

79. Cuántos han comenzado este dichoso trato de la oración y recogimiento interior y lo han dejado, tomando por pretexto el decir que no sienten ningún gusto, que pierden el tiempo, que los pensamientos les turban, que no es para ellos la oración, porque no hallan ningún sentimiento de Dios, ni pueden discurrir, pudiendo creer, callar y tener paciencia, todo lo cual no es otra cosa que con ingratitud ir a caza de los sensibles gustos, dejándose llevar del amor propio, buscándose a sí mismos y no a Dios, por no padecer un poco de pena y sequedad, sin atender a la infinita pérdida que hacen, pues por un mínimo acto de reverencia hecho a Dios en medio de la sequedad reciben un eterno premio.

80. Dijo el Señor a la venerable Madre Francisca López, valenciana, beata del tercer orden de San Francisco, tres cosas de mucha luz sobre el recogimiento interior. La primera, que más aprovechaba al alma un cuarto de hora de oración, con recogimiento de los sentidos y potencias y con resignación y humildad que cinco días de ejercicios penales, de cilicios, disciplinas, ayunos y dormir en tablas; porque todo esto es afligir el cuerpo, y con el recogimiento se purifica el alma.

81. La segunda, que más le agrada a su Majestad el darle el ánima en quieta y devota oración una hora que el ir a grandes peregrinaciones y romerías; porque en la oración aprovecha a sí y a aquellos por quien ora, es de grande regalo a Dios y merece gran peso de la gloria; y en la peregrinación, de ordinario se distrae el alma y derrama el sentido, enflaqueciéndose la virtud sin otros peligros.

82. La tercera, que la oración continua era tener siempre entregado el corazón a Dios, y que para ser una alma interior había de caminar más en el afecto de la voluntad que con fa-

tiga del entendimiento. Todo se halla en su vida. (Tomo 2 de las *Crónicas de San Juan Bautista de los Religiosos Descalzos de San Francisco.*)

83. Tanto cuanto el alma goza del amor sensible, tanto menos se goza Dios en ella, y al contrario, cuanto menos se goza el alma de este sensible amor, tanto más se goza Dios en ella y sabe que fijar en Dios la voluntad con la repulsa de pensamientos y tentaciones, con la mayor quietud que se pueda, es alto modo de orar.

84. Concluiré este capítulo desengañándote del común error de los que dicen que en este interior recogimiento u oración de quietud no obran las potencias, y que está ociosa el alma sin ninguna actividad: es engaño manifiesto de poco experimentados, porque si bien no obra la memoria ni la segunda operación del entendimiento juzga ni la tercera discurre, obra la primera y más principal operación del entendimiento, por la simple aprehensión, ilustrado por la santa fe y ayudado de los divinos dones del Santo Espíritu, y la voluntad atiende más a continuar un acto que a multiplicar muchos; si bien así el acto del entendimiento como el de la voluntad son tan sencillos, imperceptibles y espirituales, que apenas el alma los conoce, ni menos reflecta o los mira.

Capítulo XIII. Lo que debe hacer el alma en el interior recogimiento

85. Has de ir a la oración a entregarte del todo en las divinas manos con perfecta resignación, haciendo un acto de fe, creyendo estás en la divina presencia, quedándote después en aquel santo ocio, con quietud, silencio y sosiego; procurando

continuar todo el día, todo el año y toda la vida aquel primer acto de contemplación, por fe y amor.

86. No has de ir a multiplicar estos actos, ni a repetir sensibles afectos, porque impiden la pureza del acto espiritual y perfecto de la voluntad, pues además de ser imperfectos estos suaves sentimientos (por la reflexión con que se hacen, por la satisfacción propia y consuelo interior con que se buscan, saliéndose fuera el alma a las exteriores potencias) no hay necesidad de renovarlos, como dijo muy bien el místico Falconi en el siguiente símil:

87. «Si se diese a un amigo una rica joya, entregada una vez, no hay necesidad de repetirla entrega, diciéndole cada día: Señor, aquella joya os doy; Señor, aquella joya os doy, sino dejársela estar allá y no querérsela quitar, porque mientras no se la quite o desee quitar, siempre se la tiene dada.»

88. Del mismo modo, hecha una vez la entrega y resignación amorosa en la voluntad del Señor, no hay sino continuarla, sin repetir nuevos y sensibles actos, mientras no le quites la joya de la entrega haciendo algo grave contra la divina voluntad, aunque te ejercites por fuera en obras exteriores de tu vocación y estado, porque en éstas haces la voluntad de Dios y andas en continua y virtual oración. Siempre ora (dijo Teofilato) el que hace cosas buenas; ni deja de orar sino cuando deja de ser Justo.

89. Debes, pues, despreciar todas estas sensibilidades para que tu alma se establezca y haga el hábito interior del recogimiento, el cual es tan eficaz que sola la resolución de ir a la oración desvela una viva presencia de Dios, la cual es la preparación de la oración que se va a hacer o, por mejor decir, no es otra cosa que una continuación más eficaz de la oración continua en la cual debe establecerse el contemplativo.

90. Qué bien practicó esta lección la venerable Madre de Chantal, hija espiritual de San Francisco de Sales y fundadora en Francia de la Orden de la Visitación, en cuya *Vida* se hallan las siguientes palabras escritas a su santo maestro: *Carísimo Padre: yo no puedo hacer acto alguno; siempre me parece que esta disposición es más firme y segura. Mi espíritu en la parte superior se halla en una simplísima unidad; no se une, porque cuando quiere hacer actos de unión (lo que procura muchas veces) siente dificultad y claramente conoce que no puede unirse, sino estar unido. Quisiera servirse el alma de esta unión para ejercicio de la mañana, de la santa misa, preparación a la comunión y de hacimiento de gracias; y finalmente quisiera para todas las cosas estar siempre en aquella simplísima unidad de espíritu, sin mirar a otra cosa.* A todo esto responde el santo maestro aprobándolo y persuadiéndola a que continúe, acordándola que el reposo de Dios está en la paz.

91. En otra ocasión escribió al mismo Santo estas palabras: *Moviéndome a hacer actos más especiales de mi sencilla vista, total resignación y aniquilación en Dios, su infinita bondad me reprendió y dio a entender que esto solo procedía del amor de mí misma, y que con esto ofendía a mi alma.* (En su *Vida*.)

92. Con lo cual te desengañarás y conocerás cuál es el perfecto y espiritual modo de orar, y quedarás advertida de lo que debes hacer en el recogimiento interior, y sabrás que importa para que el amor sea perfecto y puro cercenar la multiplicación de los sensibles y fervorosos actos, quedándose el alma quieta y con reposo en aquel silencio interno. Porque la ternura, la dulzura y los suaves sentimientos que siente el alma en la voluntad no es puro espíritu, sino acto mezclado con lo sensible de la naturaleza. Ni es amor perfecto, sino

sensible gusto el que embaraza y daña al alma, según dijo el Señor a la venerable Madre de Chantal.

93. Qué dichosa será tu alma y qué bien empleada estará si se entra dentro y se está en su nada, allá en el centro y parte superior, sin advertir lo que hace, si está recogida o no, si le va bien o mal, si obra o no obra, sin mirar ni cuidar ni atender a cosa de sensibilidad. Entonces cree el entendimiento con acto puro y ama la voluntad con amor perfecto sin género de impedimento, imitando aquel acto puro y continuado de contemplación y amor que dicen los santos tienen los bienaventurados en el cielo, sin más diferencia que verles ellos allá cara a cara, y aquí el alma con el velo de la fe oscura.

94. Oh, qué pocas son las almas que llegan a este perfecto modo de orar por no penetrar bien este interior recogimiento y silencio místico, y por no desnudarse de la imperfecta reflexión y sensible gusto. Oh, si tu alma se arrojase sin cuidadosa advertencia, aun de sí misma, a aquel santo y espiritual ocio, y dijese con San Agustín: *Sileat anima mea et transeat se, non se cogitando* (En sus *Confesiones*, lib. 9, cap. 10). Calle y no quiera hacer ni pensar en nada mi alma, olvídese de sí misma y anéguese en esa fe oscura, que segura y que ganada estaría, aunque le parezca, por verse en la nada, que está perdida.

95. Corone esta doctrina la epístola que escribió la ilustrada Madre de Chantal a una gran sierva de Dios. Concedióme la divina bondad (dice la iluminada Madre) esta manera de oración, que con una sencilla vista de Dios, me sentía en él toda entregada, embebida y sosegada. Continuóme siempre esta gracia, aunque por mi infidelidad me haya opuesto, dando lugar al temor y creyendo ser inútil en este estado, por cuya causa, queriendo yo por mi parte hacer alguna cosa,

lo echaba a perder todo, y aun de presente me siento tal vez combatida del mismo temor, si bien no es en la oración, sino en los otros ejercicios en los cuales quiero yo siempre obrar un poco, haciendo actos, aunque conozco muy bien que haciéndolos salgo de mi centro, y veo con especialidad que esta sencilla vista de Dios es también mi único remedio y ayuda en todos mis trabajos, tentaciones y sucesos de esta vida.

96. Ciertamente si yo quisiese seguir mi impulso interno, no usaría otro medio en todas las cosas, sin excepción de ninguna, porque cuando pienso fortificar mi alma con actos, discursos y resignaciones, entonces me expongo a nuevas tentaciones y trabajos. A más, que no lo puedo hacer sin gran violencia la cual me deja a secas, y así me es necesario volver con presteza a esta sencilla resignación, conociendo que Dios me hace ver en este modo que él quiere que totalmente se impidan las operaciones de mi alma, porque su divina actividad lo quiere obrar todo y por ventura no quiere de mí otra cosa que esta única vista en todos los espirituales ejercicios, en todas las penas, tentaciones y aflicción es que me pueden suceder en esta vida y es la verdad que cuanto más tengo mi espíritu quieto con este medio, tanto mejor me sale todo, desvaneciéndose luego todas mis aflicciones y mi Beato Padre San Francisco de Sales me lo aseguró muchas veces.

97. Nuestra difunta Madre Superiora (fue la Madre María de Castel) me estimulaba a estar firme en esta vía y a no temer nada en esta sencilla vista de Dios. Dirásme que esto bastaba y que cuanto mayor es la desnudez y quietud en Dios, mayor suavidad y fuerza recibe el alma, la cual debe procurar ser tan pura y sencilla que no tenga más apoyo que en solo Dios.

98. A este propósito se me ofrece que pocos días hace me comunicó Dios una luz, la cual se me estampó de manera

como si desnudamente la viera; y es que yo no debo jamás mirarme a mí misma, sino caminar a ojos cerrados, apoyada en mi amado, sin querer ver ni saber el camino por el cual me guía, ni pensar en nada ni aun pedirle gracias, sino estarme sencillamente toda perdida y sosegada en él. (En su *Vida* lib. 3, cap. 89.) Hasta aquí aquella mística e ilustrada Madre, con cuyas palabras se acredita nuestra doctrina.

Capítulo XIV. Se declara cómo puesta el alma en la presencia de Dios, con perfecta resignación por el acto puro de fe, va siempre en la oración y fuera de ella en virtual y adquirida contemplación

99. Dirásme (como me han dicho muchas almas) que hecha la entrega de ti misma con perfecta resignación en la presencia de Dios, por el acto puro de fe ya referido, que no mereces ni aprovechas, porque el pensamiento en el tiempo de la oración se divierte de manera que no puede estar fijo en Dios.

100. No te desconsueles, porque no pierdes el tiempo ni el mérito, ni dejas tampoco de estar en oración, porque no es necesario que en todo aquel tiempo del recogimiento estés pensando actualmente en Dios; basta haber tenido la atención al principio, mientras no te diviertas de propósito ni revoques la actual intención que tuviste. Como el que oye misa y reza el divino oficio, que cumple muy bien con su obligación en virtud de aquella primera intención actual, aunque después no persevere teniendo actualmente fijo el pensamiento en Dios.

101. Así lo asegura con las siguientes palabras el Angélico Doctor Santo Tomás: Sola aquella primera intención y pensamiento en Dios que al principio tuvo el que ora tiene valor y fuerza para que todo lo demás del tiempo sea verdadera

oración impetratoria y meritoria, aunque todo ese tiempo de más que dura la oración no haya actual consideración en Dios (2.2, q.82, arto 13). Mira si puede el Santo hablar más claro a nuestro intento.

102. De manera que siempre dura la oración (dice Santo Tomás), aunque ande vagueando con infinitos pensamientos la imaginación, si no los quiere ni deja el lugar ni la oración ni muda la primera intención de estar con Dios. Y es cierto que no la muda mientras no deja el lugar, con que se infiere en buena doctrina que persevera en la oración, aunque la imaginativa ande revolando con varios e involuntarios pensamientos. «En espíritu y en verdad (dice el Santo en el lugar citado) ora el que va a la oración con espíritu e intento de orar, aunque después por su flaqueza y miseria ande vagueando con el pensamiento: *Evagatio vero mentis quae fit praeter propositum, orationis fructum non tollit.*»

103. Pero me dirás que por lo menos ¿no te has de acordar en aquel tiempo de que estás delante de Dios, diciéndole muy de ordinario: Vos, Señor, estáis dentro de mí y quisiera darme toda a vos? Respondo que no hay necesidad, porque tú tienes voluntad de hacer oración y a ese fin viniste a aquel lugar. La fe y la intención te bastan, y ésas siempre perseveran, y cuanto más sencilla es esta memoria, sin palabras ni pensamientos, tanto es más pura, espiritual, interior y digna de Dios.

104. ¿No sería despropósito y poco respeto si estando tú en la presencia del Rey le dijeses de cuando en cuando: *Señor, yo creo que está aquí Vuestra Majestad.* Esto mismo es lo que sucede. Por el ojo de la pura fe ve el alma a Dios, le cree y está en su presencia, y así, cuando el alma cree no tiene necesidad de decir: *Mi Dios, vos estáis aquí,* sino de creer como cree, pues en llegando el tiempo de la oración, la fe y la intención

la guían y llevan a contemplar a Dios por medio de la pura fe y perfecta resignación.

105. De suerte, que mientras no retractes esa fe e intención de estar resignada, siempre andas en fe y en resignación, y por consiguiente en oración y virtual y adquirida contemplación, aunque no lo sientas ni hagas memoria ni nuevos actos ni reflexión. Como el cristiano, la casada y el religioso, que aunque no hagan nuevos actos ni recuerdos, el uno por la profesión, diciendo: *Yo soy religioso*, la otra por el matrimonio, diciendo: *Yo soy casada*, y el otro por el bautismo, diciendo: *Yo soy cristiano*, no por eso dejan de estar siempre bautizado el uno, casada la otra, y profeso el otro. Solo estarán obligados, el cristiano a hacer buenas obras en prueba de su fe y a creer más con los efectos que con las palabras, la casada a dar señales de la fidelidad que prometió a su esposo, y el religioso, de la obediencia que ofreció a su superior.

106. De la misma manera el alma interior, resuelta una vez a creer que Dios está en ella y a resignarse y a no querer ni obrar sino por Dios y a la presencia de Dios, se debe contentar con esa su fe e intención en todas sus obras y ejercicios, sin formar ni repetir nuevos actos de esa fe ni de esa resignación.

Capítulo XV. Prosigue lo mismo

107. No solamente sirve esta verdadera doctrina para el tiempo de la oración, sino también para después de ella, de noche, de día y a todas horas y en todos los ejercicios cotidianos de tu vocación, obligación y estado. Y si me dijeres que muchas veces no te acuerdas entre día de renovar la resignación, respondo que, aunque te parece que te diviertes de ella por atender a las ocupaciones cotidianas de tu oficio,

como estudiar, leer, predicar, comer, beber, negociar y otras semejantes, te engañas, que no por eso sales de ella ni dejas de hacer la voluntad de Dios ni de andar en virtual oración, como dice Santo Tomás.

108. Porque todas esas ocupaciones no son contra su voluntad ni contra tu resignación, porque es cierto quiere Dios que comas, estudies, trabajes, negocies, etc., y así, por atender a esos ejercicios, que son de su voluntad y agrado, no sales de su presencia ni de tu resignación.

109. Pero si en la oración o fuera de ella te divirtieses o distrajeses voluntariamente, dejándote llevar de alguna pasión con advertencia, será bien entonces volverte a Dios y a su divina presencia, renovando el puro acto de fe y de resignación. Pero no hay necesidad de hacer esos actos cuando te hallares con sequedad, porque la sequedad es buena y santa, y no puede, por más rigurosa que sea, quitarle al alma la divina presencia que está en la fe establecida. Jamás has de llamar a la sequedad distracción, porque en los principiantes es falta de sensibilidad y en los aprovechados es abstracción, por cuyo medio, si la abrazas con constancia, estándote quieta en tu nada, se interiorizará tu alma y obrará el Señor en ella maravillas.

110. Procura pues, desde que sales de la oración hasta que vuelves a ella, no distraerte ni divertirte, sino andar resignada totalmente en la voluntad de Dios, para que haga y deshaga de ti y de todas tus cosas según su divino beneplácito, fiándote de él como de amoroso Padre. No revoques jamás esta intención, y aunque te ocupes en las obligaciones del estado en que Dios te ha puesto, andarás siempre en oración, en la presencia de Dios y en perpetua resignación. Por eso dijo San Juan Crisóstomo: *El justo no deja de orar, si no es que deje de ser justo; siempre ora el que siempre obra bien, y*

el buen deseo es oración, y si es continuo el deseo es también continua la oración (Super 1 Ad Thessalon. 5).

111. Todo lo entenderás con este claro símil. Cuando una persona comienza a caminar para ir a Roma, todos los pasos que da en el camino son voluntarios, y con todo eso no es necesario que a cada paso manifieste su deseo ni haga nuevo acto de la voluntad, diciendo: *Quiero ir a Roma, voy a Roma*, porque en virtud de aquel primer acto que tuvo de caminar a Roma persevera siempre en él la voluntad, de manera que camina sin decirlo, aunque no camina sin quererlo y aun experimentarás claramente que este caminante con solo un acto de voluntad y un querer, camina, habla, oye, ve, discurre, come y hace otras diversas operaciones, sin que éstas le interrumpan la primera voluntad ni aun el actual caminar a Roma.

112. De la misma manera pasa en el alma contemplativa: hecha una vez la determinación de hacer la voluntad de Dios y de estar en su presencia, se mantiene continuamente en ese acto mientras no le revoque, aunque se ocupe en oír, hablar, comer y cualesquiera otras buenas obras, y ejercicios exteriores de su vocación y estado. Todo lo dijo en pocas palabras Santo Tomás de Aquino: *Non enim oportet, quod qui propter Deum aliquod iter arripuit, in qualibet parte itineris de Deo cogitet actu (Contra Gentiles, lib. 3, cap. 238, núms. 2 y 3).*

113. Dirás que todos los cristianos van en este ejercicio porque todos tienen fe y pueden, aunque no sean interiores, ejecutar esta doctrina, especialmente los que caminan por el exterior camino de meditación y discurso. Es verdad que tienen fe todos los cristianos, y con especialidad los que meditan y consideran. Pero la fe de los que caminan por la vía interior es muy diferente, porque es fe pura, universal e in-

distinta, y por consiguiente más práctica, más viva, eficaz e ilustrada; porque el Espíritu Santo alumbra más al alma más dispuesta, y siempre lo está más la que tiene recogido el entendimiento, porque a la medida del recogimiento alumbra el divino Espíritu. Y aunque es verdad que en la meditación comunica Dios alguna luz, pero es tan escasa y diferente de la que comunica al entendimiento recogido en fe pura y universal como la que hay de dos o tres gotas de agua a la de un mar; porque en la meditación se le comunican una, dos o tres verdades particulares, pero en el recogimiento interior y ejercicio de fe pura y universal es un mar de abundancia la sabiduría de Dios que se le comunica en aquella oscura, simple, general y universal noticia.

114. Es también la resignación más perfecta en estas almas, porque nace de la interior e infusa fortaleza, la cual crece al paso que se continúa el interior ejercicio de la fe pura, con silencio y resignación. A la manera que crecen los dones del divino Espíritu en las almas contemplativas, que aunque se hallan también estos divinos dones en todos los que están en gracia, pero son como muertos y sin fuerza, y con casi infinita diferencia de aquellos que reinan en los contemplativos por su ilustración, viveza y eficacia.

115. Por donde te desengañarás que el alma interior que tiene hábito de ir cada día a sus horas señaladas a la oración, con la fe y resignación que te he dicho, va continuamente en la presencia de Dios. Esta importante y verdadera doctrina la enseñan todos los santos, todos los experimentados y místicos maestros, porque todos tuvieron un mismo Maestro, que es el divino Espíritu.

Capítulo XVI. Modo con que se puede entrar en el
recogimiento interior por la santísima humanidad de
Cristo Nuestro Señor

116. Hay dos maneras de espirituales totalmente opuestos. Unos dicen que siempre se han de meditar y considerar los misterios de la pasión de Cristo. Otros, dando en un extremo opuesto, enseñan que la meditación de los misterios de la vida, pasión y muerte del Salvador no es oración, ni aun su memoria, que solo se ha de llamar oración la alta elevación en Dios, cuya divinidad contempla el alma en quietud y silencio.

117. Es cierto que Cristo Señor nuestro es la guía, la puerta y el camino, según él mismo lo dijo por su boca: *Ego sum via, veritas et vita (Ioan.,* 14). Y que primero que el alma esté idónea para entrar en la presencia de la divinidad y para unirse con ella, se ha de lavar con la preciosa sangre del Redentor y se ha de adornar con las riquezas de su pasión.

118. Es Cristo Señor nuestro, con su doctrina y ejemplo, la luz, el espejo, la guía del alma, el camino y única puerta para entrar en aquellos pastos de la vida eterna y mar inmenso de la divinidad. De donde se infiere que no se ha de borrar del todo la memoria de la pasión y muerte del Salvador. Y es también cierto que por la más alta elevación de mente a que haya llegado el alma no ha de separar del todo la santísima humanidad.

119. Pero no se infiere de aquí que el alma que está enseñada al interior recogimiento, aquella que ya no puede discurrir, haya de estar siempre meditando y considerando (como dicen los otros espirituales) en los santísimos misterios del Salvador. Es santo y bueno el meditar, y pluguiese a Dios que

todos los del mundo lo ejercitasen y deben también al alma que con facilidad medita, discurre y considera dejarla en ese estado y no sacarla a otro más alto, mientras en el de la meditación halla cebo y provecho.

120. A Dios solo toca, y no a la guía, el pasar al alma de la meditación a la contemplación, porque si el Señor no la llama con su especial gracia a este estado de oración, no hará nada la guía con toda su sabiduría y documentos.

121. Para dar, pues, en el medio y en la seguridad, y huir de estos dos extremos tan opuestos, que ni se ha de borrar ni separar del todo la humanidad, ni se ha de tener continuamente delante de los ojos, habemos de suponer que hay dos maneras de atender a la santa humanidad para entrar por la divina puerta, que es Cristo, bien nuestro.

122. La primera, considerando los misterios y meditando las acciones de la vida, pasión y muerte del Salvador. La segunda, pensando en él por la aplicación del entendimiento, por la pura fe o mediante la memoria. Cuando el alma se va perfeccionando e internando por el recogimiento interior, después de haber meditado algún tiempo los misterios, de los cuales ya está informada, entonces conserva la fe y el amor al encarnado Verbo, estando dispuesta a hacer por su amor cuanto le inspirase, obrando según sus preceptos, aunque no los tenga siempre delante de los ojos. Como si a un hijo le dijesen que no debe nunca desamparar a su padre, no por eso le quieren obligar a tener siempre los ojos fijos en él, sino a conservarlo siempre en su memoria, para atender a su tiempo y ocasión a lo que debe.

123. El alma, pues, que entró en el recogimiento interior por parecer de la experimentada guía, no tiene necesidad de entrar por la primera puerta de la meditación de los misterios, estando continuamente meditando en ellos, porque ni

lo podrá hacer sin gran fatiga del entendimiento, ni tiene necesidad de esos discursos, porque ésos solo sirven de medio para llegar a creer lo que ya llegó a alcanzar.

124. El modo más noble, el más espiritual y el más propio de estas almas aprovechadas en el recogimiento interior para entrar por la humanidad de Cristo Señor nuestro y conservar su memoria es de la segunda manera, mirando esta humanidad y su pasión por un acto sencillo de fe, amándola y acordándose que es el tabernáculo de la divinidad, el principio y fin de nuestra salvación, y que por nuestro amor nació, padeció y llegó afrentosamente a morir.

125. Este es el modo que hace aprovechar a las almas interiores, sin que esta santa, piadosa, veloz e instantánea memoria de la humanidad les pueda servir de embarazo para el curso del interior recogimiento, si ya no es que cuando entra en la oración se siente el alma recogida, porque entonces será mejor continuar el recogimiento y mental exceso. Pero no hallándose recogida, no le impide a la más alta y elevada alma, a la más abstraída y transformada, el sencillo y veloz recuerdo de la humanidad del divino Verbo.

126. Este es el modo que asegura Santa Teresa en los contemplativos, y el que destierra las opiniones ruidosas de algunos escolásticos. Este es el camino recto, seguro y sin peligro, y el que el Señor ha enseñado a muchas almas para llegar al descanso y santo ocio de la contemplación.

127. Póngase, pues, el alma, cuando entra al recogimiento, a las puertas de la divina misericordia, que es la amorosa y suave memoria de la cruz y pasión de aquel Verbo humanado y muerto de amor. Estése allí con humildad resignada en la divina voluntad para cuanto quisiere hacer de ella su Majestad. Y si de esta santa y dulce memoria es luego llevada al

olvido, no hay necesidad de hacer nueva repetición, sino de estarse en silencio y quietud en la presencia del Señor.

128. Maravillosamente favorece San Pablo nuestra doctrina en la epístola que escribió a los Colosenses, en donde les exhorta, a ellos y a nosotros, que si comemos, o bebemos o hacemos alguna cosa, sea en nombre de Jesucristo y por su amor. *Omne quodcumque facitis in verbo aut in opere, omnia in nomine Domini Iesu Christifacite, gratias agentes Deo et Patri per ipsum* (*Ad Coloss.*, cap. 3, ver. 17). Quiera Dios que todos comencemos por Jesucristo, y que solo en él y por él lleguemos a la perfección.

Capítulo XVII. Del silencio interno y místico

129. Tres maneras hay de silencio: el primero es de palabras, el segundo de deseos y el tercero de pensamientos. El primero es perfecto, más perfecto es el segundo y perfectísimo el tercero. En el primero, de palabras, se alcanza la virtud; en el segundo, de deseos, se consigue la quietud; en el tercero, de pensamientos, el interior recogimiento. No hablando, no deseando ni pensando, se llega al verdadero y perfecto silencio místico, en el cual habla Dios con el alma, se comunica y la enseña en su más íntimo fondo la más perfecta y alta sabiduría.

130. A esta interior soledad y silencio místico la llama y conduce cuando la dice que la quiere hablar a solas, en lo más secreto e intimo del corazón. En este silencio místico te has de entrar si quieres oír la suave, interior y divina voz. No te basta huir del mundo para alcanzar este tesoro ni el renunciar sus deseos ni el desapego de todo lo criado, si no te despegas de todo deseo y pensamiento. Reposa en este místico silencio y abrirás la puerta para que Dios se comunique, te una consigo y te transforme.

131. La perfección del alma no consiste en hablar ni en pensar mucho en Dios, sino en amarle mucho. Alcanzase este amor por medio de la resignación perfecta y el silencio interior. Todo es obras el amor de Dios; tiene pocas palabras. Así lo encargó y confirmó San Juan Evangelista. *Filioli mei, non diligamus verbo neque lingua, sed opere et veritate* (1 *Ioannis* 3, 18).

132. Ahora te desengañarás que no está el amor perfecto en los actos amorosos ni en las tiernas jaculatorias, ni aun en los actos internos con que tú le dices a Dios que le tienes infinito amor y que le amas más que a ti misma. Podrá ser que entonces te busques más a ti, y a tu amor que al verdadero y de Dios; porque obras son amores, que no buenas razones.

133. Para que una racional criatura entienda tu deseo, tu intención y lo que tienes escondido en el corazón, es necesario que se lo manifiestes con palabras. Pero Dios, que penetra los corazones, no tiene necesidad de que tú se lo afirmes y asegures, ni se paga, como dice el Evangelista, del amor de palabra y lengua, sino del verdadero y de obra. ¿Qué importa el decirle con grande conato y fervor que le amas tierna y perfectamente sobre todas las cosas, si en una palabrita amarga y leve injuria no te resignas ni por su amor te mortificas? Prueba manifiesta que era tu amor de lengua y no de obra.

134. Procura con silencio resignarte en todo, que de ese modo, sin decir que le amas, alcanzarás el amor perfecto, el más quieto, eficaz y verdadero. San Pedro dijo al Señor con grande afecto que por su amor perdería de muy buena gana la vida y a una palabrita de una mozuela le negó y se acabó el fervor (*Matth.*, 26). La Magdalena no habló palabra, y el mismo Señor, enamorado de su amor perfecto, se hizo su cronista, diciendo que amó mucho (*Lucas*, 7). Allá en lo interior, con el silencio mudo se ejercitan las más perfectas virtu-

des de fe, esperanza y caridad, sin que haya necesidad de irle a Dios diciendo que le amas, que esperas y le crees, porque este Señor sabe mejor que tú lo que interiormente haces.

135. Qué bien entendió y practicó este acto puro de amor aquel profundo y gran místico, el venerable Gregorio López, cuya vida era toda una continua oración y un continuo acto de contemplación y amor de Dios, tan puro y espiritual que no daba parte jamás a los afectos y sensibles sentimientos.

136. Después de haber continuado por espacio de tres años aquella jaculatoria: Hágase tu voluntad en tiempo y eternidad, repitiéndola tantas veces como respiraba, le enseñó Dios aquel infinito tesoro del acto puro y continuo de fe y amor, con silencio y resignación, que llegó a decir él mismo que en treinta y seis años que después vivió continuó siempre en su interno este acto puro de amor, sin decir jamás un ay ni una jaculatoria ni nada que fuera sensible y de la naturaleza. ¡Oh, serafín encarnado y varón endiosado, qué bien supiste penetrar este interior y místico silencio y distinguir el hombre interior del exterior!

Libro II

Capítulo I. Para vencer las astucias del enemigo, el
mayor remedio es sujetarse a un padre espiritual

1. De todas maneras conviene elegir un maestro experimentado en la vida interior, porque Dios no quiere hacer con todos lo que hizo con Santa Catalina de Siena, tomándolos de la mano para enseñarles inmediatamente el camino místico. Si para los pasos de naturaleza hay necesidad de maestro y guía, ¿qué será para los pasos de gracia? Si para lo exterior y aparente es menester maestro, ¿qué será para lo interior y secreto? Si para la teología moral, escolástica y expositiva, que claramente se enseñan, ¿qué será para la mística, secreta, reservada y oscura? Si para el trato y obras políticas y exteriores, ¿qué será para el interior trato con Dios?

2. Es también necesaria la guía para resistir y desvanecer las astucias de Satanás. Muchas razones dio San Agustín porque Dios ordenó que en su Iglesia presidiesen por luces doctores y maestros, hombres de la misma naturaleza. La principal es para librarnos de las astucias del enemigo, porque si dejara por norte de nuestras acciones al propio dictamen e impulso natural, tropezáramos por instantes y diéramos de ojos en mil abismos, como les sucede a los herejes y arrogantes. Si nos diera ángeles por maestros, nos deslumbraran los demonios, que se transfiguran en ángeles de luz y así convino que Dios nos diera por guías y consejeros hombres como nosotros. Y si esta guía es experimentada, luego conoce las sutiles y diabólicas astucias, y en siendo conocidas, por su poca sustancia, quedan brevemente desvanecidas.

3. Antes que se elija el padre espiritual se ha de pensar bien y se ha de hacer oración, porque es materia gravísima y ha de venir de la mano de Dios. Pero elegido, no se ha de dejar sino por urgentísimas causas, como son no entender los caminos y estados por donde Dios lleva el alma, porque ninguno puede enseñar lo que no sabe, según buena regla de filosofía.

4. Y si no comprende, como dice San Pablo (1 *Ad Corinto* 2, 14), las cosas del espíritu de Dios, será para él ignorancia, porque se han de examinar espiritualmente y le falta la experiencia. Pero el espiritual, el experimentado, todo lo ve claramente y lo juzga como es. El no ser, pues, experimentada la guía es la principal causa para dejarla y elegir otra que lo sea, porque sin ella no se puede aprovechar el alma.

5. Para pasar de un estado malo al bueno no hay necesidad de consejo; pero para pasar del bueno al mejor es necesario tiempo, oración y consejo, porque no todo aquello que es mejor en sí es para cada uno en particular mejor ni todo lo que es bueno para uno es bueno para todos. *Non omnibus omnia expediunt* (*Eccles.* XXXVII, 31). Unos son llamados por camino exterior y ordinario, otros por el interior y extraordinario, y no todos están en un estado, siendo tantos y tan varios los del camino místico, y es imposible pueda nadie dar un paso por sus secretas e interiores sendas sin la experimentada guía, porque en vez de caminar derecho dará en el precipicio.

6. Cuando el alma anda con temores en el acierto de su camino y desea totalmente librarse de ellos, la sujeción a un padre espiritual experimentado es el medio más seguro, porque con la luz interior descubre con claridad cuál sea tentación y cuál inspiración, y distingue los movimientos que nacen de la naturaleza, del demonio y de la misma alma, la cual debe sujetarse en todo a quien tiene experiencia y le puede descu-

brir los apegos, idolillos y malos tratos que la embarazan el vuelo, porque de este modo no solo se librará de las diabólicas astucias, pero caminará más en un año que caminaría en mil con otra guía sin experiencia.

7. En la vida del iluminado padre Fray Juan Taulero se refiere cómo aquel secular que le adelantó en el estado de la perfección dice de sí mismo que, desengañado del mundo y deseoso de ser santo, se dio a una grande abstinencia, hasta que una noche de enfermo y debilitado quedó dormido, y en el sueño oyó una voz del cielo que le decía: Hombre de tu propia voluntad, si antes de tiempo tú mismo te matas, te darás a ti mismo acerbas penas. Lleno de terror se fue a un desierto y comunicó su camino y abstinencia con un santo anacoreta, el cual por disposición del cielo le sacó de aquel engaño diabólico. Díjole que hacía su abstinencia por agradar a Dios. Interrogóle el anacoreta que con qué consejo la hacía, y habiéndole dicho que con ninguno, le respondió que era manifiesta tentación del demonio. Aquí abrió los ojos y desengañado de su perdición vivió siempre con consejo de padre espiritual; y asegura el mismo que en siete años le dio más luz que cuantos libros se han estampado.

Capítulo II. Prosigue lo mismo

8. Hay una gran ventaja en tener maestro en el camino místico a servirse de los espirituales libros, porque el maestro práctico dice a su tiempo lo que se debe hacer y en el libro se leerá aquello que menos convendrá, y de esa manera falta el documento necesario. Hácense también con los libros místicos muchas aprensiones falsas, pareciéndole al alma tener lo que de verdad no tiene y estar más adelante en el estado

místico de lo que ha llegado, de donde nacen muchos perjuicios y riesgos.

9. Es cierto que la lección frecuente de los libros místicos que no se funda en luz práctica, sino en pura especulativa, hace más mal que bien, porque confunde a las almas en vez de alumbrarlas, y las llena de noticias discursivas que embarazan sumamente, porque aunque son noticias de luz, entran por afuera y embotan las potencias en vez de vaciarlas para que Dios las llene de sí mismo. Muchos leen continuamente en estos libros especulativos por no quererse sujetar a quien les puede dar luz de que no les conviene semejante lección, porque es cierto que si se sujetan y la guía tiene experiencia, no lo permitirá, y entonces se aprovecharían y no se cuidarían de leerlos, como lo hacen las almas que se sujetan, que tienen luz y se aprovechan. Con que se infiere ser de grande quietud y seguridad el tener una guía experimentada, que gobierne y enseñe con luz actual para no ser engañada del demonio y de su propio juicio y parecer. Pero no por esto se condena la lección de los espirituales libros en general, porque aquí se habla en particular con las almas puramente internas y místicas, para quienes se ha escrito este libro.

10. Todos los santos y maestros místicos confiesan que la seguridad de un alma mística consiste en rendirse muy de corazón a su padre espiritual, comunicándole cuanto pasa en su interior. Para prueba de esta verdad referiré unas palabras que dijo el Señor a Doña Marina de Escobar. Refiérese en su vida que estando enferma preguntó al Señor si callaría y dejaría de dar cuenta al padre espiritual de las cosas extraordinarias que pasaban por su alma, por no cansarse y ocupar al padre espiritual. Respondió el Señor «que no sería bien no dar cuenta al padre espiritual por tres razones. La primera porque así como el oro se purifica en el crisol, y así como de

las piedras se conoce el valor tocándolas en el contraste, así el alma se purifica y descubre su valor tocándola el ministro de Dios. La segunda porque convenía, para no errar, que las cosas se gobernasen por el orden que su Majestad ha enseñado en su Iglesia, Sagrada Escritura y doctrina de los santos. La tercera porque no se encubran, sino que sean manifiestas a su Iglesia, las misericordias que su Majestad hace a sus siervos y a las almas puras, para que así se animen los fieles a servir a su Dios y él sea en ellos glorificado» (Lib. 1, cap. 20, parto 1, 2).

11. En el mismo lugar dice las siguientes palabras: «En la conformidad de esta verdad, como mi confesor cayese enfermo y me mandase que a la persona con quien me confesaba entretanto no le diese cuenta de todas las cosas que por mí pasaban, sino de algunas con prudencia, quejéme a nuestro Señor de no tener con quien comunicar mis cosas, y respondióme su Majestad: *Ya tienes uno que suple las faltas de tu confesor, dile todo lo que pasa por ti.* Respondí luego: no, Señor; eso no, Señor. *¿Porqué?* (dijo el Señor). Porque mi confesor me manda que no le dé cuenta de todo, y tengo de obedecerle. Dijome su Majestad: *Contento me has dado en esa respuesta, y por oírtela decir te dije lo que oíste; hazlo así, pero bien puedes darle cuenta de algunas cosas, como él mismo te dijo».*

12. Es también muy del intento lo que refiere Santa Teresa de sí misma: Siempre (dice la Santa) que el Señor me mandaba alguna cosa, si el confesor mandaba otra, me tornaba el Señor a decir que obedeciese al confesor; después su Majestad le volvía, para que me lo tornase a mandar (*Vida*, lib. 2, cap. 26). Esta es la sana y verdadera doctrina, pues asegura a las almas y desvanece las diabólicas astucias.

Capítulo III. El celo de las almas y el amor al prójimo
pueden embarazar la interior paz

13. No hay para Dios más agradable sacrificio (dice San Gregorio) que el ardiente celo de las almas (*In Ezechiel*, hom. 12). Para este ministerio envió el Padre Eterno a su hijo Jesucristo al mundo, y desde entonces quedó entre los oficios por el más noble y sublimado. Pero si el celo es indiscreto, es de notable impedimento para la subida del espíritu.

14. Apenas te verás con nueva luz fervorosa cuando querrás emplearte toda en el beneficio de las almas, y corre mucho riesgo no sea amor propio lo que a ti te parecerá puro celo. Suele éste tal vez revestirse de un desordenado deseo, de una vana complacencia, de una afectación industriosa y estimación propia, enemigos todos de la paz del alma.

15. Nunca es bien amar a tu prójimo con detrimento de tu espiritual bien. El agradar a Dios con sencillez ha de ser el único blanco de tus obras. Este ha de ser tu único deseo y cuidado, procurando templar tu desordenado fervor para que reine en tu alma la tranquilidad y paz interior. El verdadero celo de las almas que has de procurar ha de ser el amor puro a tu Dios; éste es el fructuoso, el eficaz y el verdadero, y el que hace milagros en las almas, aunque con voces mudas.

16. Primero encomendó San Pablo la atención a nuestra alma que a la del prójimo: *Attende tibi el doctrinae*, dijo en su canónica epístola (1 *Ad Timoth.* 4). No te adelantes con fatiga, que cuando sea el tiempo oportuno y puedas ser de algún provecho para tu prójimo, Dios te sacará y pondrá en el empleo que más te convenga; a él solo toca el cuidado y a ti estarte en tu quietud desapegada y totalmente resignada en el divino beneplácito. No entiendas estar en este estado

ociosa; hace mucho quien en todo atiende a cumplir la divina voluntad. El que atiende a sí mismo por Dios hace el todo, porque vale más un acto puro de interior resignación que ciento y aun mil ejercicios por propia voluntad.

17. Aunque la cisterna sea capaz de mucha agua, no la tendrá jamás hasta que el cielo la favorezca con su lluvia. Estáte quieta, alma benedicta, estáte quieta, humilde y resignada para todo lo que Dios quiere hacer de ti. Deja a Dios el cuidado, que él sabe como amoroso padre lo que a ti más te conviene, confórmate totalmente con su voluntad, que es donde está fundada la perfección; porque el que hace la voluntad del Señor, éste es madre, hijo y hermano del mismo hijo de Dios.

18. No pienses que estima Dios más a quien más hace; aquél es más amado que es más humilde, más fiel y resignado, y más correspondiente a su interior inspiración y divino beneplácito.

Capítulo IV. Prosigue lo mismo

19. Sean todos tus deseos de conformarte con la voluntad de aquel Señor, que sabe sacar raudales de agua de la piedra seca, a quien desagradan mucho las almas que por ayudar a otros antes de tiempo se defraudan a sí mismas, dejándose llevar del indiscreto celo y de la vana complacencia.

20. Como el discípulo de Eliseo, que enviado por el profeta (IV *Reg.* 4, 31) para que con su báculo resucitase a un difunto, por la complacencia que tuvo no surtió el efecto, y quedó por Eliseo reprobado. Reprobóse también el sacrificio de Caín, siendo el primero que se ofreció a Dios en el mundo, por complacerse en la ventaja de ser primero y más que su padre Adán en ofrecer a Dios sacrificio.

21. Hasta los discípulos de Cristo Señor nuestro adolecieron de este achaque, teniendo vano gozo cuando lanzaban los demonios, y por eso fueron agriamente reprendidos por su divino Maestro. Antes que Pablo predicase a las gentes y evangelizase el reino de Dios, siendo ya vaso de elección, ciudadano del cielo y escogido de Dios para este ministerio, fue necesario probarle y humillarle encerrándole en un calabozo. ¿y querrás tú hacerte predicador sin haber pasado por la prueba de los hombres y de los demonios? ¿Y querrás ponerte en un tan gran ministerio y hacer fruto sin haber pasado por el fuego de la tentación, de la tribulación y pasiva purgación?

22. Más te importa a ti estarte quieta y resignada en el santo ocio que hacer muchas y grandes cosas por tu propio juicio y parecer. No creas que las acciones heroicas que hicieron y hacen los grandes siervos de Dios en la Iglesia son obras de su industria; porque todas las cosas, así espirituales como temporales, son ordenadas desde ab eterno por la divina providencia, hasta el movimiento de la más mínima hoja. Quien hace la voluntad de Dios hace todas las cosas. Esta has de solicitar estándote quieta con perfecta resignación por todo lo que Dios quiere disponer de tu persona. Conócete indigna de tan alto ministerio como llevar almas al cielo, y con eso no pondrás embarazo a la quietud de tu alma, a la interior paz y al divino vuelo.

Capítulo V. Para guiar almas por el camino interior son necesarias luz, experiencia y divina vocación

23. Te parecerá, y con gran satisfacción, que eres a propósito para guiar almas por el camino del espíritu, y quizás será soberbia secreta, ambición espiritual y conocida ceguedad, porque a más de pedir este alto ejercicio superior luz, total desapego y las demás calidades que te diré en los siguientes

capítulos, es necesaria la gracia de vocación, sin la cual todo es vanidad, satisfacción y propia estima; porque aunque el gobernar almas y conducirlas a la contemplación y perfección es santo y bueno, ¿cómo sabes que Dios te quiere en este empleo? y aunque tú conozcas (lo que no es fácil) que tienes grande luz y experiencia, ¿de dónde te consta que te quiere el Señor en ese ejercicio?

24. Es éste un ministerio de calidad, que no nos hemos nosotros jamás de poner en él hasta que Dios nos ponga por medio de los superiores o las espirituales guías. Sería para nosotros de grave perjuicio aunque al prójimo fuésemos de algún provecho. Qué nos importa ganar para Dios todo un mundo si nuestra alma padece detrimento (*Matth.* 16).

25. Aunque sepas con evidencia que tu alma está dotada de interior luz y experiencia, lo que más a ti te importa es estarte en tu nada, quieta y resignada, hasta que Dios te llame para el beneficio de las almas. A él solo toca, que conoce tu suficiencia y desapego; no te toca a ti hacer ese juicio ni adelantarte a ese ministerio, porque te cegará, te perderá y engañará el amor propio si te gobiernas por tu parecer y juicio en un negocio de tanto peso.

26. Pues si la experiencia, la luz y suficiencia no bastan para admitir este empleo cuando falta la gracia de vocación, ¿qué será sin la suficiencia, qué será sin la luz interior, qué será sin la debida experiencia, cuyos dones no se comunican a todas las almas, sino a las desapegadas, a las resignadas y a aquellas que pasaron a la perfecta aniquilación por medio de la terrible tribulación y pasiva purgación? Desengáñate alma benedita, que todas las obras que en este ejercicio no fueren gobernadas de un verdadero celo, nacido del amor puro y del ánimo purgado, van vestidas de la vanidad, del amor propio y de la ambición espiritual.

27. Oh, cuántos pagados de sí mismos emprenden por su propio parecer y juicio este ministerio, y en vez de agradar a Dios, vaciar y desapegar sus almas, aunque hagan algún fruto en el prójimo, se llenan de tierra, de paja y de estimación propia. Estáte quieta y resignada, niega tu juicio y deseo, abísmate en tu insuficiencia y en tu nada, que ahí solo está Dios, la verdadera luz, tu dicha y la mayor perfección.

Capítulo VI. Instrucción y avisos a los confesores y
guías espirituales

28. El mis alto y fructuoso ministerio es el del confesor y espiritual director, y el de irreparables daños, si no se ejercita con acierto.

29. Será acertado elegir un patrón para tan gran ministerio, y que sea aquel santo a quien más se inclinare la devoción.

30. El primero y más seguro documento es procurar el interior y continuo recogimiento, y con eso se acertará en todos los ejercicios y empleos del propio estado y vocación, y con especialidad en el del confesionario, porque saliendo el alma interiormente recogida a estos exteriores y necesarios ejercicios, es Dios el que alumbra y obra en ellos.

31. Para guiar a las almas que fueren interiores no se les ha de dar documentos, sino ir las quitando con suavidad y prudencia los embarazos que impiden las influencias de Dios. Pero será necesario influirlas con aquel santo consejo de *secretum meum mihi*. Piensan muchas almas que son capaces de las interiores materias todos los confesores, y a más de ser engaño, se experimenta un gran perjuicio en comunicarlas con los que no lo fueren; porque aunque el Señor las haya puesto en el interior camino, no lo conocerán ni se lo avisa-

rán por faltarles la experiencia, antes bien las impedirán la subida a la contemplación, mandándolas que mediten por fuerza, aunque no puedan, con lo cual las aturden y arruinan en lugar de ayudarlas al vuelo, porque Dios quiere que caminen a la contemplación y ellos las tiran a la meditación, por no saber otro camino.

32. Para que se haga fruto no se ha de buscar a ninguna alma para guiarla; importa que ellas vengan, y no se han de admitir todas, especialmente mujeres, porque no suelen venir con la disposición suficiente. Es gran medio para hacer fruto no hacerse maestro ni querer parecerlo.

33. Del nombre de hija ha de usar lo menos que pueda el confesor, porque es peligrosísimo, siendo Dios tan celoso y tan amoroso el epíteto.

34. Los empleos que ha de admitir el confesor fuera del confesionario han de ser pocos, porque Dios no le quiere agente de negocios. Y, si posible fuera, no había de ser visto sino en el confesionario.

35. El ser padrino y albacea no se ha de admitir una vez en la vida, porque acarrea muchas inquietudes al alma, opuestas todas a la perfección de tan alto ministerio.

36. El confesor o *Guía espiritual* no ha de visitar jamás las hijas espirituales, ni aun en caso de enfermedad, si ya no es que entonces fuere llamado por la enferma.

37. Si el confesor procura el interior y exterior retiro, serán sus palabras (aunque él no lo conozca) carbones encendidos que abrasarán las almas.

38. En el confesionario han de ser de ordinario suaves las reprensiones, aunque en el púlpito sean rigurosas, porque en éste ha de ser furioso león y en aquél se ha de vestir de la mansedumbre del cordero. ¡Oh, cuán eficaz es la suave reprensión para los penitentes! En el confesionario están ya

movidos, y en el púlpito importa por su ceguedad y dureza aterrarlos. Pero se les ha de desengañar y reprender con vigor a los que llegan mal dispuestos y quieren por fuerza la absolución.

39. Después de hacer lo posible en el beneficio de las almas, no se ha de mirar el fruto, porque el demonio hace con sutileza parecer propio lo que es ajeno y de Dios, y acomete con la estimación propia y vana complacencia, enemigos capitales de la aniquilación que ha de procurar siempre el confesor para morir espiritualmente.

40. Aunque vea muchas veces que las almas no se aprovechan y que las aprovechadas pierden el espíritu, no se inquiete, quédese con su interior paz, a imitación de los ángeles custodios; aliéntese interiormente entonces con aquel desengaño, que tal vez lo permite Dios, entre otros fines, para humillarle.

41. Debe huir el confesor, y hacer huir a las almas que guía, de todo género de exterioridad, porque es muy aborrecida del Señor.

42. Aunque no debe mandar a las almas que comulguen, ni quitarles ninguna comunión por prueba, ni mortificación, cuando hay infinitos modos de probar y mortificar sin tanto perjuicio, sin embargo no ha de ser escaso con las almas que se hallan movidas del deseo verdadero, porque Jesucristo no se quedó para estar cerrado.

43. Por experiencia se sabe que la penitencia no se cumple cuando es grande y demasiada; siempre es mejor que sea de materia útil y moderada.

44. Si el padre espiritual muestra con singularidad a alguna hija más afición, es de grandísima inquietud para las otras. Importa aquí el disimulo y la prudencia, y no alabar con especialidad a ninguna; porque el demonio es amigo de

poner cizaña con la guía, y se vale de aquellas mismas palabras para inquietar a las otras.

45. El continuo y principal ejercicio en las almas puramente místicas ha de ser en el interior, procurando la guía con disimulo destruir el amor propio y alentarlas a la paciencia de las interiores mortificaciones con que el Señor las purga, aniquila y perfecciona.

46. El deseo de revelaciones suele embarazar mucho a las almas interiores, y especialmente a las mujeres, y no hay sueño natural que no le bauticen con nombre de visión. Es necesario mostrar aborrecimiento a todos estos impedimentos.

47. Aunque en las mujeres es difícil el silencio en las cosas que el director ordena, sin embargo debe procurarlo, porque no es bien que lo que el Señor le inspira sea blanco de la censura.

Capítulo VII. Prosigue lo mismo, descubriendo los apegos que suelen tener algunos confesores y guías espirituales, y declara las calidades que han de tener para el ejercicio de la confesión y también para, guiar almas por el camino místico

48. Debe procurar el confesor animar a los penitentes a la oración, y con especialidad cuando llegan a sus pies con frecuencia y los reconoce con deseo de su espiritual bien.

49. La máxima que el confesor ha de observar para no llegarse a perder es no admitir ningún regalo por cuantas cosas hay en el mundo.

50. Aunque hay muchos confesores, no todos son buenos, porque unos saben poco; otros son muy ignorantes; otros se asen a los aplausos de la gente noble; otros buscan los favores de los penitentes; otros, los regalos; otros, llenos de

ambición espiritual, buscan el crédito, solicitando tener muchos hijos espirituales; otros afectan su magisterio y hacen de maestro; otros afectan las visiones y revelaciones de sus hijos espirituales, y en vez de despreciarlas (único medio para asegurarlos en la humildad y para que no se embaracen), se las alaban y se las hacen escribir para enseñarlas, para hacer ruido y dar campanada. Todo es amor propio y vanidad en los directores y de gran perjuicio para el espiritual provecho de las almas, porque es cierto que todos estos respetos y apegos son embarazo para ejercitar con fruto el oficio, el cual pide total desapego, y su fin y atención ha de ser solamente la gloria de Dios.

51. Hay otros confesores que con facilidad y liviandad de corazón creen, aprueban y alaban todos los espíritus. Otros, dando en el extremo vicioso, condenan sin reservación todas las visiones y revelaciones. Ni todas se han de creer, ni todas se han de condenar. Hay otros que se hallan tan enamorados en el espíritu de sus hijas, que cuanto sueñan, aunque sean embelecos, lo veneran como sagrados misterios. ¡Oh, cuántas miserias se han experimentado por esta causa en la Iglesia!

52. Hay otros confesores vestidos de mundana cortesía que, con poca atención al santo lugar del confesionario, hablan con los penitentes materias vanas y superfluas, y muy ajenas de la decencia que pide el santo sacramento y la disposición para recibir su divina gracia y tal vez sucede estar aguardando para confesarse muchos penitentes llenos de propias y domésticas ocupaciones, y cuando reconocen la demasiada y superflua dilación, se desabren, se contristan e impacientan, perdiendo la disposición con que se habían preparado para recibir tan santo sacramento. Conque la mezcla de estas superfluas y vanas materias no solamente hace per-

der el precioso tiempo, sino que perjudica también al santo lugar, al sacramento, a la disposición del penitente que se confiesa y a la de todos los que esperan para confesarse.

53. Para confesar aún se hallan algunos buenos, pero para gobernar espíritus por el camino místico son tan pocos, que dijo e Padre Maestro Juan de Ávila no había entre mil uno. San Francisco de Sales, que entre diez mil. Y el iluminado Taulero, que entre cien mil no se hallaba un experimentado maestro de espíritus y es la causa porque hay pocos que se dispongan a recibir la ciencia mística: *Pauci ad eam recipiendam se disponunt*, dijo Enrique Arphio (Lib. 3, parto 3, cap. 22). Ojalá no fuera tanta verdad como es, que no hubiera tantos engaños en el mundo como hay y se hallaran más santos y menos pecadores.

54. Cuando desea la *Guía espiritual* con eficacia que todos amen la virtud, y el amor que de Dios tiene es puro y perfecto, con pocas palabras y menos razones cogerá infinito fruto.

55. Si el alma interior, cuando está en la purga de las pasiones y en el tiempo de la abstracción, no tiene una guía experimentada que la refrene el retiro y soledad a que la tira su inclinación y suma propensión, quedará imposibilitada para los ejercicios de la confesión, predicación y estudio, y aun para los de su obligación, estado y vocación.

56. Debe, pues, atender el experimentado director con mucho cuidado, cuando comienzan las potencias a estar ocupadas en Dios, no dar mucho lugar a la soledad, mandándole al alma no deje los exteriores ejercicios de su estado, como de estudio y otros empleos, aunque parezcan distractivos, mientras no se opongan a su vocación, porque se abstrae tanto el alma en la soledad, se interna tanto en el retiro, y se aleja de tal manera de la exterioridad, que después, si se aplica de nuevo, es con fatiga, con repugnancia y con perjuicio de

las potencias y de la salud de la cabeza. Daño considerable y digno de la atención de los espirituales directores.

57 Pero si éstos no tienen experiencia, no sabrán cuándo se forma la abstracción, y en el mismo tiempo pareciéndoles santo consejo, las animarán al retiro, y hallarán en él la perdición. ¡Oh, cuánto importa ser experimentada la guía en el espiritual y místico camino!

Capítulo VIII. Prosigue lo mismo

58. Los que gobiernan almas sin experiencia proceden a ciegas, sin llegar a entender los estados del alma ni sus interiores y sobrenaturales operaciones. Solo conocen que unas veces se halla bien el alma y que tiene luz; otras, que está en la oscuridad. Pero qué estado sea cada uno de éstos y cuál sea la raíz de donde proceden esas mudanzas, ni lo alcanzan ni lo entienden ni lo pueden averiguar por los libros sin haberlo en sí mismos experimentado, en cuya fragua se engendra la verdadera y actual luz.

59. Si la guía no ha pasado por las vías secretas y penosas del interior camino, ¿cómo lo puede comprender ni aprobar? Será no pequeña fortuna para el alma hallar una sola guía experimentada que la fortifique en las insuperables dificultades y la asegure en las continuas dudas de este viaje. De otra manera no llegará al santo y precioso monte de la perfección, si no es con una gracia extraordinaria y singular.

60. El director que está desapegado más anhela a la interior soledad que al empleo de las almas, y si algún maestro espiritual tiene sentimiento cuando se le va una alma y le deja por otra guía, es señal manifiesta que no estaba desapegado ni buscaba puramente la gloria de Dios, sino su crédito.

61. El mismo daño y achaque se experimenta cuando el director hace alguna diligencia secreta para atraer a su dirección alguna alma que va gobernada por otra guía. Este es un notable daño, porque si se tiene por mejor que el otro director, es soberbio; si se reconoce peor, es traidor a Dios, a aquella alma y a sí mismo por el malicioso perjuicio que hace al provecho de los prójimos.

62. También se descubre otro daño considerable con los maestros espirituales, y es que no permiten que las almas que guían comuniquen con otros, aunque sean más santos, más doctos y más experimentados que ellos. Todo es apego, amor propio y propia estimación. No les permiten a las almas este desahogo por el temor que tienen de perderlas, y que no se diga que sus hijos espirituales buscan en los otros la satisfacción que no hallan en ellos y las más veces por estos imperfectos fines embarazan a las almas sus adelantamientos.

63. De todos estos y otros infinitos apegos se libra el director que llegó a oír la interior voz de Dios, por haber pasado por la tribulación, tentación y pasiva purgación; porque la voz interior de Dios hace innumerables y maravillosos efectos en el alma que da lugar, que la escucha y la gusta.

64. Es de tanta eficacia que arroja la honra mundana, la estimación propia, la ambición espiritual, el deseo de crédito, el querer ser grande, el presumir que es solo y pensar que lo sabe todo. Arroja los amigos, las amistades de cumplimiento, el trato de las criaturas, el apego a los hijos espirituales, el hacer de maestro y de hacendado. Arroja la demasiada inclinación al confesionario, la afición desordenada a gobernar almas, pensando que tiene esa habilidad. Arroja el amor propio, la autoridad, la presunción, el tratar del fruto que hace, el hacer alarde de las cartas que escribe, el enseñar las de los hijos espirituales para dar a entender que es grande

operario. Arroja la envidia de los otros maestros y el solicitar que vengan todos a su confesionario.

65. Finalmente, la voz interior de Dios en el alma del director engendra el desprecio, la soledad, el silencio y el olvido de los amigos, de los parientes y de los espirituales hijos, y no se acuerda de ellos sino cuando le hablan. Esta es la única señal para conocer el desapego del maestro, pero hace éste más fruto callando que millares de los otros, aunque se valgan de infinitos documentos.

Capítulo IX. Cómo la sencilla y pronta obediencia es el único medio para caminar con seguridad por el interior camino y para alcanzar la interior paz

66. Si de veras te resuelves a negar tu voluntad y hacer en todo la divina, el medio necesario es la obediencia, ora sea por el nudo indisoluble del voto hecho al superior en religión, ora por la libre lazada de la entrega de tu voluntad a una espiritual y experimentada guía de las calidades que acabamos de decir en los antecedentes capítulos.

67. No llegarás jamás al monte de la perfección ni al alto trono de la interior paz si te gobiernas por tu voluntad propia. Esta cruel fiera enemiga de Dios y de tu alma se ha de vencer. Tu propia dirección y juicio, como a rebeldes, los has de avasallar, disponer y quemar en el fuego de la obediencia. Allí se descubrirá, como en piedra de toque, si es amor propio o divino el que sigues. Allí en aquel holocausto ha de aniquilarse hasta la última sustancia tu juicio y tu voluntad propia.

68. Más vale una vida ordinaria debajo de la obediencia que la que hace por su propia voluntad grandes penitencias; porque la obediencia y sujeción, a más de estar libres de los

engaños de Satanás, es el más verdadero holocausto que se sacrifica a Dios en el altar de nuestro corazón. Por eso decía un gran siervo de Dios que quería más coger estiércol por la obediencia que estar arrobado hasta el tercer cielo por su voluntad propia.

69. Sabrás que la obediencia es un camino compendioso para llegar presto a la perfección. Es imposible poder el alma alcanzar la verdadera paz del corazón si no niega y vence su juicio y rebeldía y para negarse y vencer su juicio, el remedio es manifestarse en todo con resolución de obedecer a quien está en lugar de Dios: *Effundite coram illo corda vestra* (*Psal.* 61). Porque de todo aquello que sale de la boca con verdadero rendimiento a los oídos del padre espiritual queda libre, seguro y exonerado el corazón. El medio, pues, más eficaz para hacer progreso en el camino del espíritu es imprimirse en el corazón que su espiritual director está en lugar de Dios, y que cuanto ordena y dice es dicho y ordenado por su divina boca.

70. A la venerable Madre Sor Ana María de S. José, religiosa franciscana descalza, le dijo Dios muchas veces: *Que más quería obedeciese a su padre espiritual que a él mismo* (*Su vida*, párr. 43). A la venerable Sor Catalina Paluci dijo el Señor un día: *Debes ir a tu padre espiritual con pura y sincera verdad, como si vinieses a mí, sin buscar si es o no es observante. Solo has de pensar que él es gobernado por el Espíritu Santo y que está en mi lugar. Cuando observaren esto las almas, no permitiré yo que ninguna sea de él engañada* (*Su vida*, lib. 2, cap. 16). ¡Oh divinas palabras, dignas de estamparse en los corazones de aquellas almas que desean adelantarse en la perfección!

71. Reveló Dios a Doña Marina de Escobar que si a su parecer Cristo Señor nuestro la mandase comulgar y su pa-

dre espiritual se lo impidiese, tenía obligación de seguir el parecer del padre espiritual y un santo bajó del cielo a decirle la razón, y era que en lo primero podía haber engaño y en lo segundo no (*Su vida*).

72. A todos aconseja el Espíritu Santo en los Proverbios que tomemos consejo y no fiemos a nuestra prudencia: *Ne initaris prudentiae tuae* (*Proverbia*, 3). Y por Tobías dice: que para acertar no te has de gobernar jamás por tu propio juicio, sino que siempre has de pedir parecer: *Consilium semper a sapiente perquire* (IV, 14). Aunque el padre espiritual yerre en dar el consejo, no puedes tú errar en seguirle, porque obras prudentemente: *Qui judicio alterius operatur, prudenter operatur* y Dios no da lugar a que yerren los directores para conservar, aunque sea con milagros, el tribunal visible del padre espiritual, por donde se sabe con toda seguridad cuál es la divina voluntad.

73. A más de ser esta doctrina común de todos los santos, de todos los doctores y maestros de espíritu, la afianzó y aseguró Cristo Señor nuestro cuando dijo que los padres espirituales sean oídos y obedecidos como su propia persona: *Qui vos audit me audit* (*Lucas*, 10). Y esto aun cuando sus obras no corresponden con las palabras y consejos, como consta por San Mateo: *Quoecumque dixerint vobis facite, secundum autem opera eorum molite facere* (cap. 2).

Capítulo X. Prosigue lo mismo

74. El alma que es observante de la santa obediencia es poseedora, como dice San Gregorio, de todas las virtudes (Lib. 35, *in* Job., cap. 12). A ésta la premia Dios su humildad y obediencia, ilustrando y enseñando a su guía, a cuya dirección debe (por estar en lugar de Dios) sujetarse en todo y

por todo, descubriendo con libertad, claridad, fidelidad y sencillez todos los pensamientos, obras, inclinaciones, inspiraciones y tentaciones; de esta manera no puede engañarla el demonio y se asegura, sin temor, de dar cuenta a Dios de las acciones que hace y de las que omite. De modo que quien quiere caminar sin guía, si no vive engañado, está muy cerca de serlo, porque la tentación le parecerá inspiración.

75. Sabrás que para ser perfecto no te basta obedecer y honrar a los superiores; es también necesario obedecer y honrar a los inferiores.

76. Ha de ser pues la obediencia, para ser perfecta, voluntaria, pura, pronta, alegre, interior, ciega y perseverante. Voluntaria, sin fuerza y sin temor; pura, sin interés terreno, sin respeto mundano o amor propio, puramente por Dios; pronta, sin réplica, sin excusa y sin dilación; alegre, sin aflicción interior y con diligencia; interior, no solo ha de ser exterior y aparente, sino de ánimo y de corazón; ciega, sin juicio propio, sujetándolo con la voluntad a aquella de quien manda, sin investigar la intención, el fin o la razón de la obediencia; perseverante, con firmeza y constancia hasta morir.

77. *La obediencia*, dice San Buenaventura, ha de ser pronta, sin dilación; devota, sin dedignarse; voluntaria, sin contradicción; simple, sin examen; perseverante, sin pausa; ordenada, sin desvío; gustosa, sin turbación; valiente, sin pusilanimidad; y universal, sin excepción (*Tract. 8, collationum*). Desengáñate, alma benedita, que aunque quieras hacer la voluntad de Dios con toda diligencia, no hallarás jamás el camino sino por medio de la obediencia. En querer un hombre gobernarse por sí mismo va perdido y engañado. Aunque el alma tenga muy altas señales de que es buen espíritu el que le habla, si no se sujeta al parecer del espiritual director, téngase por demonio. Así lo dice Gerson y otros

muchos maestros de espíritu. (*Tract. de distinct. verarum revelationum.*)

78. Sellará esta doctrina aquel caso de Santa Teresa. Viendo la Santa Madre que Doña Catalina de Cardona hacía en el desierto grande y rigurosa penitencia, se resolvió a imitarla contra el parecer de su padre espiritual que se lo impedía. Dijole entonces el Señor: *Eso no, hija; buen camino llevas y seguro. ¿Ves toda la penitencia que hace Doña Catalina? Pues en más tengo tu obediencia* (*Su vida*). Desde entonces hizo voto de obedecer al padre espiritual y en el capítulo 26 refiere que la dijo Dios muchas veces no dejase de comunicar toda su alma y las mercedes que la hacía con el padre espiritual, y que en todo le obedeciese.

79. Mira cómo ha querido Dios que se asegurase esta celestial e importante doctrina por la Sagrada Escritura, por los santos, por los doctores, por las razones y ejemplos, para desarraigar del todo los engaños del enemigo.

Capítulo XI. Cuándo y en qué cosas le importa más
obedecer al alma interior

80. Para que sepas cuándo es más necesaria la obediencia, te quiero advertir que cuando más experimentares las horribles e inoportunas sugestiones del enemigo, cuando más padecieres las tinieblas, las angustias, las sequedades y desamparos, cuando más te vieres rodeada de tentaciones de ira, rabia, blasfemia, lujuria, maldición, tedio, desesperación, impaciencia y desolación, entonces es cuando más te conviene creer y obedecer al experimentado director, quietándote con su santo consejo para no dejarte llevar de la vehemente persuasión del enemigo, que te hará creer en la aflicción y grave desamparo que estás perdida, que eres aborrecida de Dios,

que estás en su desgracia y que ya no aprovecha la obediencia.

81. Hallaráste circuida de penosos escrúpulos, de dolores, ansias, angustias, martirios, desconfianzas, desamparo de criaturas y molestias tan acerbas, que te parecerán inconsolables tus aflicciones e insuperables tus tormentos. ¡Oh, alma bendita, qué dichosa serás si crees a tu guía, si te sujetas y obedeces! Entonces caminas más segura por el secreto e interior camino de la noche oscura, aunque a ti te parecerá que vas errada, que eres peor que nunca, que no ves en tu alma sino abominaciones y señales de condenada.

82. Juzgarás con evidencia que estás espiritada y poseída del demonio, porque las señales de este interior ejercicio y horrible tribulación se equivocan con las de la invasión penosa de los espiritados y endemoniados. Cree entonces con firmeza a tu guía, porque en la obediencia está tu verdadera felicidad.

83. Estarás advertida que, en viendo el demonio que una alma en todo se niega y rinde a la obediencia de su director, hace desatar todo el infierno para impedirle este infinito bien y santo sacrificio. Suele envidioso y lleno de furor poner cizaña entre los dos, haciendo concebir al alma tedio, enojo, aversión, repugnancia, desconfianza y odio contra la guía, y tal vez se vale de su lengua para decirla muchos oprobios. Pero si ésta es experimentada se ríe de las sutiles acechanzas y diabólicas astucias y aunque el demonio procura persuadir a las almas de este estado con varias sugestiones que no crean a su director, para que no le obedezcan ni pasen adelante, sin embargo pueden creer y creen lo que basta para obedecer, aunque sin propia satisfacción.

84. Pedirásle a tu guía una licencia o le comunicarás alguna recibida gracia; si al negarte la licencia o desvanecerte la

gracia, porque no te ensoberbezcas, te apartas de su consejo y le dejas, es señal que fue falsa la gracia y que va arriesgado tu espíritu. Pero si crees y obedeces, aunque lo sientas vivamente, es señal de que estás viva y mal mortificada; pero te adelantarás con aquella violenta y rigurosa medicina, porque aunque la parte inferior se turbe y se resienta, la parte superior del alma la abraza y quiere ser humillada y mortificada porque sabe que ésta es la voluntad divina y aunque tú no lo conoces, va creciendo en tu alma la satisfacción de la guía.

85. El medio para negar el amor propio y para deponer el propio juicio has de saber que es sujetarte en todo con verdadero rendimiento al consejo del espiritual médico. Si éste te impide lo que tú gustas o te manda lo que no deseas, luego se te ofrecen contra el santo consejo millares de razones falsas y aparentes, por donde se conoce que no está del todo mortificado tu espíritu ni ciego el juicio propio, enemigos capitales de la pronta y ciega obediencia y de la paz del alma.

86. Es necesario entonces que te venzas a ti misma, que superes los vivos sentimientos y que desprecies las falsas razones, obedeciendo, callando y ejerciendo el santo consejo, porque de esta manera se desarraigan el apetito y el juicio propio.

87. Por eso los antiguos padres, como experimentados maestros de espíritu, ejercitaban a sus discípulos con varios y extraordinarios modos: a unos les mandaban que plantasen las lechugas por las hojas, a otros que regasen los troncos secos y a otros que cosiesen y descosiesen muchas veces el hábito, todos ardides maravillosos y eficaces para probar la sencilla obediencia y cortar de raíz la mala yerba del juicio y voluntad propia.

Capítulo XII. Prosigue lo mismo

88. Sabe que no darás un paso en el camino del espíritu mientras no procures vencer este fiero enemigo del juicio propio, y el alma que no conociera este daño no tendrá jamás remedio. Un enfermo que conoce su enfermedad sabe de cierto que, aunque tenga sed, no le conviene el beber, y que la medicina, aunque amarga, le aprovecha; por eso no cree a su apetito ni se fía de su juicio, sino que se sujeta a un experimentado médico, obedeciéndole en todo como a medio de su remedio. El conocer que está enfermo le ayuda a no fiarse de sí mismo y a seguir el acertado parecer del médico.

89. Todos estamos enfermos del achaque del amor y juicio propio; todos estamos llenos de nosotros mismos; no sabemos apetecer sino lo que nos daña, y lo que nos aprovecha nos desagrada y enfada. Es, pues, necesario usar el remedio del enfermo que quiere sanar, que es no creer a nuestros juicios y antojos, sino al acertado parecer del espiritual y experimentado médico, sin réplica y sin excusa, despreciando las razones aparentes del amor propio; que si de esta manera obedecemos, sanaremos de cierto y quedará vencido el propio amor, enemigo de la quietud, de la paz, de la perfección y del espíritu.

90. ¿Cuántas veces te habrán engañado tus propios juicios? ¿Y cuántas veces habrás mudado de parecer, con vergüenza de haberte creído a ti misma? Si un hombre te hubiese engañado dos o tres veces, no te fiarías más de él, pues ¿por qué te fías de tu propio juicio, habiéndote tantas veces engañado? No le creas más, alma bendita, no le creas; sujétate con verdadero rendimiento y sigue la obediencia a ciegas.

91. Estarás muy contenta por tener una guía experimentada, y aun lo tendrás a gran dicha, y será de poca importancia
si estimas más tu juicio que su consejo y no te rindes en todo
a él con toda verdad y sinceridad.

92. Adolece un gran señor de una grave enfermedad, tiene
en su casa un célebre y experimentado médico, conoce éste
luego la dolencia, sus causas, calidades y estado; y sabiendo
de cierto que se sana aquella enfermedad con rigurosos cau-
terios, le ordena lenitivos. ¿No es un grande desatino? Si sabe
que el lenitivo es de poco provecho y que el cauterio es eficaz,
¿por qué no se lo aplica? Porque, aunque el enfermo quiere
sanar, conoce el médico su interior, y que no está dispuesto
para recibir estas fuertes medicinas, y así le ordena prudentemente los suaves lenitivos, porque aunque con ellos no sana,
se conserva para que no pase a mortal la dolencia.

93. ¿Qué importa que tengas el mejor director del mundo
si no tienes verdadero rendimiento? Aunque éste sea experimentado y conozca el daño y el remedio, no aplica la medicina eficaz que más te importa para negar tu voluntad porque
conoce tu interior y espíritu, que no está dispuesto para dejar
desarraigar la enfermedad de tu propio juicio; y así no cura-
rás jamás, y será milagro te conserves en gracia con tan fiero
enemigo dentro de tu alma.

94. Despreciará tu guía, si es experimentada, todo linaje
de mercedes, mientras no esté bien fundado tu espíritu; crée-
le, obedece, abrazando el consejo, porque con ese desprecio,
si el espíritu es fingido y del demonio, se conocerá luego la
soberbia secreta, fraguada por el que remeda estos espíritu.
Pero si el espíritu es verdadero, aunque sientas la humilla-
ción, te hará notabilísimo provecho.

95. Si el alma gusta de ser estimada y que se divulguen los
favores que recibe de Dios, si no obedece y cree al director

que los desestima, todo es mentira, y demonio el ángel que se transforma. Viendo el alma que la experimentada guía desprecia estos engaños, si es malo el espíritu, le pierde el cariño fingido que le mostraba y procura poco a poco apartarse de él, buscando otro a quien engañar, porque los soberbios nunca hacen compañía con quien los humilla. Pero al contrario, si el espíritu es verdadero y de Dios, con estas pruebas se dobla el amor y la constancia, tolerándolas, deseando más y más la propia desestimación; con que se califica sin engaño lo sólido del espíritu.

Capítulo XIII. La frecuente comunión es medio eficaz para alcanzar todas las virtudes, y en especial la interior paz

96. Cuatro cosas son necesarias para alcanzar la perfección y paz interior. La primera es la oración; la segunda, la obediencia; la tercera, la frecuente comunión, y la cuarta, la interior mortificación. Ya que hemos tratado de la oración y obediencia, bien será tratar ahora de la comunión.

97. Sabrás que hay muchas almas que se privan de los infinitos bienes de esta preciosa comida por parecerlas que no están bastantemente preparadas y que es necesaria una angélica pureza. Si tú tienes un fin puro, un deseo verdadero de hacer el divino beneplácito, sin mirar la sensible devoción ni la propia satisfacción, llega con seguridad, que bien dispuesta estás.

98. En este escollo del deseo de hacer la divina voluntad se han de romper todas las dificultades y vencer todos los escrúpulos, las tentaciones, las dudas, los temores, las repugnancias y contradicciones y aunque la mejor preparación es comulgarse el alma con frecuencia, porque una comunión

es disposición para la otra, sin embargo, quiero enseñarte dos modos de preparación. La primera para las almas exteriores que tienen buen deseo y voluntad, y la segunda para las espirituales que viven interiormente y tienen más luz y conocimiento de Dios, de sus misterios, de sus operaciones y sacramentos.

99. La preparación para las almas exteriores es confesarse, retirarse de las criaturas antes de la comunión, estarse en silencio, considerando qué es lo que se ha de recibir y quién es el que lo recibe, y que va a hacer el más grande negocio que hay en el mundo, como es recibir al gran Dios. ¡Qué favor tan singular, dejarse recibir la misma limpieza de la suciedad; la majestad, de la vileza; y el que es criador de la criatura!

100. La segunda preparación, que es para las almas interiores y espirituales, ha de ser procurar vivir con más pureza, con mayor negación de sí mismas, con un total desapego, con interior mortificación y continuo recogimiento, y caminando de este modo no tienen necesidad de prepararse actualmente, porque su vida es una continua y perfecta preparación.

101. Si tú no conoces en tu alma estas virtudes, por la misma razón debes llegar con frecuencia a esta soberana mesa para alcanzarlas. No te impida el verte seca, defectuosa y fría, porque la frecuente comunión es medicina que sana los defectos y aumenta las virtudes. Por el mismo caso que estás enferma te has de llegar al médico, y por estar fría, al fuego.

102. Si tú llegas con humildad, con deseo de hacer la divina voluntad y con la licencia del confesor, cada día le puedes recibir y cada día te mejorarás y aprovecharás. No te acobardes por verte sin aquel afectuoso y sensible amor que dicen algunos es necesario, porque este afecto sensitivo no es perfecto y de ordinario se da a las almas flacas y delicadas.

103. Dirás que te sientes mal dispuesta, sin devoción, sin fervor y aún sin deseo de este divino manjar, ¿que cómo le has de frecuentar? Ten por cierto que nada de esto te impide ni te daña mientras tuvieres firme propósito de no pecar y voluntad determinada de huir todo género de ofensa y si de todas las que te acordaste te confesaste, no dudes que estás bien aparejada para llegar a esta divina y celestial mesa.

Capítulo XIV. Prosigue lo mismo

104. Sabrás que en este inefable sacramento se une Cristo con el alma y se hace una misma cosa con ella, cuya fineza es la más alta y admirable y la más digna de consideración y gratitud. Grande fue la fineza de hacerse hombre, mayor la de morir por nuestro amor ignominiosamente en una cruz; pero el darse todo entero al alma en este maravilloso sacramento no admite comparación. Este es el singular favor y la infinita fineza; porque ya no hay más que dar ni más que recibir. ¡Oh, si lo penetráremos! ¡Oh, si lo conociésemos!

105. ¡Que quiera Dios, siendo quien es, comunicarse a mi alma! ¡Que quiera Dios hacer un recíproco vínculo de unión con ella, siendo la misma miseria! ¡Oh almas, si comiésemos en esta celestial mesa! ¡Oh, si nos quemásemos en esta ardiente zarza! ¡Oh, si nos hiciésemos un espíritu con este Señor soberano! ¿Quién nos engaña? ¿Quién nos estorba para que no lleguemos a abrasarnos como la salamandra con el divino fuego de esta santa mesa?

106. Es verdad, Señor, que vos entráis en mí todo miserable, pero es también verdad que vos quedáis en vuestra gloria, en vuestros esplendores y en vos mismo. Recibíos pues, oh mi Jesús, en vos mismo, en vuestra belleza y majestad. Yo me alegro infinito que la vileza de mi alma no pueda perjudi-

car vuestra hermosura. Entrad, pues, en mí sin salir de vos. Vivid en medio de vuestros esplendores y de vuestra magnificencia, aunque estéis en mi oscuridad y miseria.

107. ¡Oh alma mía, qué grande es tu vileza y qué grande tu pobreza! ¿Quién es, Señor, el hombre, que así os acordáis de él que así le visitáis y engrandecéis? (Job, 7) ¿Quién es el hombre, que así le estimáis, queriendo tener con él vuestras delicias y habitar personalmente en él con vuestras grandezas? ¿Cómo, Señor, la miserable criatura podrá recibir la infinita Majestad? Humíllate, alma mía, hasta el profundo de la nada; confiesa tu indignidad, mira tu miseria y reconoce la maravilla del divino amor que se deja envilecer en este incomprensible misterio para comunicarse y unirse contigo.

108. ¡Oh grandeza del amor! ¡Que se encierre el amoroso Jesús en una pequeña hostia! ¡Que se cierre este gran Señor en una cárcel por mi amor! ¡Que se haga en cierto modo esclavo del hombre, dándose todo él y sacrificándose por él al Padre Eterno! ¡Oh divino encarcelado, encarcelad fuertemente mi corazón para que no vuelva jamás a su libertad, sino que todo aniquilado muera al mundo y quede con vos unido!

109. Si quieres alcanzar en sumo grado todas las virtudes, llega alma bendita, llega con frecuencia, porque todas están represas en esta sacrosanta mesa. Come, alma, de este celestial manjar, come y persevera, llega con humildad, llega con fe a comer e divino y blanco pan, porque es el blanco de las almas y de allí tira el amor flechas, diciendo: llega alma y come este sabroso manjar, si quieres alcanzar la limpieza, la caridad, la pureza, la luz, la fortaleza, la perfección y la paz.

Capítulo XV. Declárase en qué tiempo se deben usar las exteriores y corporales penitencias y cuán nocivas son cuando se hacen indiscretamente por el propio juicio y parecer

110. Sabrás que hay algunas almas que por esmerarse más en santidad vienen a quedarse muy atrás en ella haciendo penitencias indiscretas; como los que quieren cantar más de lo que sus fuerzas alcanzan, que por el mismo caso que las sacan de flaqueza para hacerlo mejor, lo hacen peor.

111. En este barranco han caído muchos sin querer rendir su juicio a sus padres espirituales, pareciéndoles que si no se arrojan a rigurosas penitencias jamás llegarán a ser santos, como si en solo ellas estuviera la santidad. Dicen que quien poco siembra, poco coge, y ellos no siembran otra semilla con sus indiscretas penitencias que amor propio, en lugar de arrancarle.

112. Pero lo peor que hay en estas indiscretas penitencias es que con el uso de estos secos y estériles rigores se engendra y connaturaliza una amargura de corazón para consigo y para con los próximos que es bien ajena del verdadero espíritu; para consigo porque no experimentan la suavidad del yugo de Cristo y la dulzura de la caridad, sino solo la aspereza de las penitencias, con que queda el natural desabrido, de donde viene a estarlo también con los próximos, a notar y reprender mucho sus faltas, a tenerlos por imperfectos y defectuosos, por el mismo caso que los ve ir por otro camino menos rígido que el suyo. De aquí nace el ensoberbecerse con sus ejercicios y penitencias, viendo que son pocos los que las hacen y teniéndose por mejores que los otros, con que vienen a dar una gran baja en las virtudes. De aquí la envidia de

los otros, por verlos menos penitentes y más favorecidos de Dios, indicio claro que ponían la confianza en sus propias diligencias.

113. El sustento del alma es la oración y el alma de la oración es la interior mortificación; porque aunque las penitencias corporales y todos los demás ejercicios con los cuales se castiga la carne sean buenos, santos y loables (mientras sean con discreción moderados, según el estado y calidad de cada uno y por el parecer del espiritual director), sin embargo, no granjearás virtud alguna por esos medios, sino vanidad y viento de vanagloria, si no nacen del interior. Por eso sabrás ahora en qué tiempo has de usar más principalmente las exteriores penitencias.

114. Cuando el alma comienza a retirarse del mundo y del vicio debe domar el cuerpo con rigor para que se sujete al espíritu y siga la ley de Dios con facilidad. Importa entonces jugar las armas del cilicio, ayuno y disciplina para arrojar de la carne las raíces del pecado. Pero cuando el alma se va entrando en el camino del espíritu, abrazando la interior mortificación, se deben templar las penitencias del cuerpo, por estar bastantemente trabajado del espíritu: el corazón se debilita, el pecho padece, el cerebro se cansa y todo el cuerpo queda pesado e inhábil para las funciones del alma.

115. Debe, pues, atender el sabio y experimentado director a no permitir a estas almas que ejecuten los excesos de penitencia corporal y exterior a que son movidas por la grande estimación de Dios que conciben en el recogimiento interior, tenebroso y purgativo, porque no es bien consumir el cuerpo y el espíritu a un mismo tiempo ni cortar las fuerzas por las rigurosas y excesivas penitencias, ya que con la interior mortificación se van disminuyendo. Por eso dijo muy bien San Ignacio de Loyola en sus Ejercicios que en la vía purgativa eran

necesarias las corporales penitencias, que en la iluminativa se habían de moderar y mucho más en la unitiva.

116. Pero dirás que los santos usaban siempre horribles penitencias. No las hacían con indiscreción ni por su propio juicio, sino por el parecer de sus superiores y guías espirituales, las cuales se las permitían porque reconocían eran movidas interiormente del Señor a estos rigores para confundir con su ejemplo la miseria de los pecadores o por otros muchos fines. Otras veces se las permitían para que humillasen el fervor del espíritu y contrapesasen los raptos, todos los cuales son motivos particulares y no hacen regla general para todos.

Capítulo XVI. La diferencia grande que hay de las penitencias exteriores a las interiores

117. Has de saber que son muy leves las mortificaciones y penitencias que uno se toma por sí (aunque sean las más rigurosas que hasta hoy se han hecho) en comparación de las que lleva por mano ajena; porque en las primeras entra él y la propia voluntad, que menoscaban el sentimiento cuanto es más voluntario, pues en fin hace lo que quiere. Pero en las segundas todo es penoso, lo que se lleva y el modo con que se lleva, que es por la voluntad ajena.

118. Esto es lo que Cristo Señor nuestro dijo a San Pedro y a todos en él, como cabeza de toda la Iglesia: *Cuando eras mozo y principiante en la virtud, tú te ceñías y mortificabas, pero cuando pases a escuelas mayores, y ya fueres anciano en la virtud, otro te ha de ceñir y mortificar.* Y entonces, si me quieres seguir perfectamente, negándote del todo a ti mismo, has de dejar esa tu cruz y tomar la mía, esto es, llevar bien que otro te crucifique.

119. No hay que hacer diferencia entre éstos y aquéllos; tu padre y tu hijo, tu amigo y tu hermano, han de ser los primeros que han de mortificarte y levantarse contra ti, y esto con razón y sin ella, pareciéndoles embuste, hipocresía o imprudencia la virtud de tu alma y poniendo estorbos a tus santos ejercicios. Esto y mucho más te sucederá si de veras quieres servir al Señor y dejarte purificar de su mano.

120. Desengáñate que, aunque son buenas las mortificaciones y exteriores penitencias que tú mismo tomarás por tu mano, no alcanzarás por solo ellas la perfección, porque aunque doman el cuerpo, no purifican el alma ni purgan las interiores pasiones, que son las que impiden la perfecta contemplación y divina unión.

121. Es muy fácil mortificar el cuerpo por medio del espíritu, pero no el espíritu por medio del cuerpo. Verdad es que en la mortificación interior y del espíritu, para vencer las pasiones y desarraigar el amor y juicio propio importa trabajar hasta la muerte, sin perdonar punto, aunque el alma se halle en el más alto estado; y así en la interior mortificación se ha de poner el principal cuidado, porque no basta la corporal y exterior, aunque sea buena y santa.

122. Aunque uno reciba las penas de todos los hombres juntos y haga más ásperas penitencias que hasta hoy se han hecho en la Iglesia de Dios, si no se niega y mortifica con la mortificación interior, estará muy lejos de llegar a la perfección.

123. Buena prueba es de esta verdad lo que le sucedió al Beato Enrique Susón, que después de veinte años de rigurosos cilicios, disciplinas y abstinencias tan grandes que solo el leerlo mete grima, le comunicó Dios una luz por medio de un éxtasis, con la cual llegó a conocer que no había comenzado, y fue así que hasta que el Señor le mortificó con tentaciones

y grandes persecuciones no llegó a la perfección (*Vida*, cap. 23). Con esto te desengañarás y conocerás la diferencia grande que hay de las penitencias exteriores a las interiores y de la mortificación interior a la exterior.

Capítulo XVII. Cómo se ha de portar el alma en los defectos que cometiere para no inquietarse y para sacar fruto de ellos

124. Cuando cayeres en algún defecto, en cualquiera materia que sea, no te turbes ni te aflijas, porque son efectos de nuestra flaca naturaleza, manchada por la original culpa, tan propensa al mal que tiene necesidad de especialísima gracia y privilegio, como la tuvo la Virgen Santísima para quedar libre y exenta de veniales culpas. (*Concil. Trid. Sess.* 6, cap. 23.)

125. Si cuando caes en el defecto o negligencia te inquietas o alteras, es señal manifiesta que reina todavía en tu alma la soberbia secreta. ¿Pensabas que ya no habías de caer en defectos y flaquezas? Si aun a los más santos y perfectos les permite el Señor algunas leves caídas y les deja algunos resabios que tuvieron cuando principiantes para tenerlos más seguros y humillados y para que piensen siempre que nunca han pasado de aquel estado, pues están todavía en las faltas de los principios, ¿de qué te maravillas tú si caes en algún leve defecto o flaqueza?

126. Humíllate, conoce tu miseria y dale a Dios las gracias de haberte preservado de infinitas culpas en que infaliblemente hubieras caído y cayeras según tu inclinación y apetito. ¿Qué se puede esperar de la deleznable tierra de nuestra naturaleza, sino malezas, abrojos y espinas? Es milagro de la divina gracia no caer cada instante en innumerables culpas.

Escandalizaríamos a todo el mundo si Dios continuamente nos tuviera de su mano.

127. Te persuadirá el enemigo común, luego que cayeres en algún defecto, que no vas bien fundado en el espiritual camino, que vas errando, que no te enmendaste de veras, que no hiciste bien la confesión general, que no tuviste el verdadero dolor y que así estás fuera de Dios y en su desgracia, y si algunas veces repitieres por desgracia el venial defecto, ¡qué de temores, cobardías, confusiones y vanos discursos te pondrá el demonio! Te representará que empleas en vano el tiempo, que no haces nada, que tu oración es infructuosa, que no te dispones como debes para recibir la divina Eucaristía, que no te mortificas según lo prometes a Dios cada día, que la oración y comunión sin mortificación es una pura vanidad. Con esto te hará desconfiar de la divina gracia, representándote tu miseria y haciéndola gigante, dándote a entender que cada día se empeora tu alma, en lugar de aprovecharse, pues se ve con tan repetidas caídas.

128. ¡Oh alma bendita, abre los ojos y no te dejes llevar de los engañosos y dorados silbos de Satanás, que procura tu ruina y cobardía con esas razones falsas y aparentes! Cercena esos discursos y consideraciones, y cierra la puerta a todos esos vanos pensamientos y diabólicas sugestiones. Depón esos vanos temores y ahuyenta la cobardía, conociendo tu miseria y confiando en la divina misericordia y si mañana volvieres a caer, como hoy, vuelve más y más a confiar en aquella suprema y más que infinita bondad, tan pronta a olvidarse de nuestros defectos y a recibirnos en sus brazos como amorosos hijos.

Capítulo XVIII. Prosigue lo mismo

129. Debes, pues, siempre que cayeres en algún defecto, sin perder tiempo ni hacer discursos sobre la caída, arrojar el vano temor y cobardía, sin inquietarte ni alterarte, sino conociendo tu defecto con humildad, mirando tu miseria, vuélvete con amorosa confianza al Señor, poniéndote en su presencia y pidiéndole perdón con el corazón y sin ruido de palabras, quédate con sosiego en haciendo esto, sin discurrir si te ha o no perdonado, volviendo a tus ejercicios y recogimiento como si no hubieras caído.

130. ¿No sería necio el que habiendo salido con otros a correr la joya, por haber caído en lo mejor de la carrera se estuviese en tierra llorando y afligiendo, discurriendo sobre la caída? Hombre, te dirían, no pierdas tiempo, levántate y vuelve a correr, que el que con brevedad se levanta y continúa su carrera es como si no cayera.

131. Si deseas alcanzar el alto grado de la perfección y de la interior paz, has de jugar la espada de la confianza en la divina bondad de noche y de día y siempre que cayeres. Esta humilde y amorosa conversación y total confianza en la divina misericordia has de usar en todas las faltas, imperfecciones y defectos que con advertencia o sin ella cometieres.

132. Y aunque caigas muchas veces y te veas pusilánime, procura animarte y no afligirte, porque lo que Dios no hace en cuarenta años lo hace tal vez en un instante con particular misterio, para que vivamos bajos y humillados y para que conozcamos es obra de su poderosa mano el librarnos de los defectos.

133. Quiere Dios también, con su inefable sabiduría, que no solo de las virtudes, pero también de los vicios y pasiones

con que el demonio procura y pretende derribarnos hasta los abismos, hagamos escala para subir al Cielo: *Ascendamus etiam per vitia et passiones nostras*, dice San Agustín (*Serm. 3, Ascens.*). Para que no hagamos de la medicina ponzoña y de las virtudes vicios, desvaneciéndonos con ellas, quiere Dios hacer de los vicios virtudes, sanándonos con aquello mismo que nos había de dañar. Así lo dice San Gregorio: *Quia ergo nos de medicamento vulnus facimus, facit ille de vulnere medicamentum ut qui virtute percutimur, vitio curemur* (Lib. 37, cap. 17).

134. Por medio de las pequeñas caídas nos da el Señor a entender que su Majestad es el que nos libra de las grandes, con lo cual nos trae humillados y desvelados, que es de lo que más necesidad tiene nuestra altiva naturaleza y así, aunque debes andar con mucho cuidado en no caer en ningún defecto ni imperfección, si te vieres caído una y mil veces, debes usar el remedio que te he dado, que es la amorosa confianza en la divina misericordia. Esta es el arma con que has de pelear y vencer la cobardía y los vanos pensamientos. Este es el medio que has de usar para no perder el tiempo, para no inquietarte y para hacer progreso. Este es el tesoro con que has de enriquecer tu alma y por aquí finalmente has de llegar al alto monte de la perfección, de la tranquilidad y de la interior paz.

Libro III

Capítulo I. La diferencia que hay del hombre exterior al interior

1. Hay dos maneras de espirituales personas, unas interiores y exteriores otras. Estas buscan a Dios por afuera, por el discurso, imaginación y consideración. Procuran con gran conato para alcanzar las virtudes muchas abstinencias, maceración de cuerpo y mortificación de los sentidos. Se entregan a la rigurosa penitencia, se visten de cilicios, castigan la carne con disciplinas, procuran el silencio y llevan la presencia de Dios, formándole presente en su idea o imaginación, ya como pastor, ya como médico, ya como amoroso padre y señor. Se deleitan de hablar continuamente de Dios, haciendo muy de ordinario fervorosos actos de amor. Todo lo cual es arte y meditación.

2. Por este camino desean ser grandes, y a fuer de voluntarias y exteriores mortificaciones van en busca de los sensibles afectos y fervorosos sentimientos, pareciéndoles que solo cuando los tienen reside Dios en ellos.

3. Este es camino exterior y de principiantes, y aunque es bueno no se llegará por él a la perfección, ni aun se dará un paso, como lo manifiesta la experiencia en muchos que después de cincuenta años de este exterior ejercicio se hallan vacíos de Dios y llenos de sí mismos, y solo tienen de espirituales el nombre.

4. Hay otros espirituales verdaderos que han pasado por los principios del interior camino, que es el que conduce a la perfección y unión con Dios, al que los llamó el Señor por su infinita misericordia de aquel exterior camino en que se ejer-

citaron primero. Estos, recogidos en lo interior de sus almas, con verdadera entrega en las divinas manos, con olvido y total desnudez, aun de sí mismos, van siempre con levantado espíritu en la presencia del Señor, por fe pura, sin imagen, forma ni figura, pero con gran seguridad fundada en la interior tranquilidad y sosiego, en cuyo infuso recogimiento tira el espíritu con tanta fuerza, que hace recoger allá dentro el alma, el corazón, el cuerpo y todas las corporales fuerzas.

5. Estas almas, como han pasado ya por la interior mortificación y Dios las ha purgado con el fuego de la tribulación, con infinitos y horribles tormentos, recetados todos de su mano y a su modo, son señoras de sí mismas porque en todo se han vencido y negado, y así viven con gran sosiego y paz interior y aunque en muchas ocasiones sienten repugnancia y tentaciones, salen presto vencedoras, porque como ya son almas probadas y dotadas de la divina fortaleza, no pueden durar los movimientos de las pasiones y si bien pueden perseverar por largo tiempo las vehementes tentaciones y penosas sugestiones del enemigo, quedan todas vencidas con infinita ganancia, porque ya es Dios el que dentro de ellas pelea.

6. Han alcanzado ya estas almas una gran luz y conocimiento verdadero de Cristo Señor nuestro, así de la divinidad como de la humanidad. Ejercitan este infuso conocimiento con silencio quieto, en el interior retiro y parte superior de sus almas, con un espíritu libre de imágenes y exteriores representaciones, y con un amor puro y desnudo de todas las criaturas. Se levantan, aun de las acciones exteriores, al amor de la humanidad y divinidad. Tanto cuanto conocen aman, y tanto cuanto gozan se olvidan, y en todo experimentan que aman a su Dios con todo su corazón y espíritu.

7. Estas felices y elevadas almas no se alegran de nada del mundo, sino del desprecio y de verse solas, y que todos las

dejen y olviden. Viven tan desapegadas que aunque reciben continuamente muchas gracias sobrenaturales, no se mudan ni se inclinan a ellas más que si no las recibieran, conservando siempre en lo íntimo del corazón una grande bajeza y desprecio de sí mismas, humilladas siempre en el abismo de su indignidad y vileza.

Del mismo modo se están quietas, serenas y con igualdad de ánimo en las glorias y favores extraordinarios, como en los más rigurosos y acerbos tormentos. No hay nueva que las alegre ni suceso que las entristezca. Las tribulaciones no las perturban, ni la interior, continua y divina comunicación las desvanece, quedando siempre llenas del santo y filial temor en una maravillosa paz, confianza y serenidad.

Capítulo II. Prosigue lo mismo

9. En el exterior camino procuran hacer continuos actos de todas las virtudes, una después de la otra, para llegar a conseguirlas. Pretenden purgar las imperfecciones con industrias proporcionadas a su destrucción. Los apegos procuran desarraigarlos de uno en uno con diferencia y opuesto ejercicio; pero nada llegan a conseguir por mucho que se cansan, porque nosotros nada podemos hacer que no sea imperfección y miseria.

10. Pero en el interior Camino y recogimiento amoroso en la divina presencia, como es el Señor el que obra, se establece la virtud, se desarraigan los apegos, se destruyen las imperfecciones y se arrancan las pasiones, y el alma se halla libre y desapegada, cuando se ofrecen las ocasiones, sin haber jamás pensado el bien que Dios por su infinita misericordia la tenía preparado.

11. Has de saber que estas almas, aunque tan perfectas, como tienen luz verdadera de Dios, con esa luz misma conocen profundamente sus miserias, flaquezas e imperfecciones, y lo mucho que les falta para llegar a la perfección a que caminan; se descontentan y aborrecen a sí mismas, y se ejercitan en amoroso temor de Dios y propio desprecio, pero con una verdadera esperanza en Dios y desconfianza de sí mismas.

12. Tanto cuanto se humillan con el verdadero desprecio y propio conocimiento, tanto más agradan a Dios y llegan a estar con singular respeto y veneración en su presencia.

13. Todas las buenas obras que hacen y lo que continuamente padecen, así en lo interior como en lo exterior, no lo estiman en nada delante aquella divina presencia.

14. Su continuo ejercicio es entrarse dentro de sí en Dios con quietud y silencio; porque allí está su centro, su morada y sus delicias. Más estiman este interior retiro que hablar de Dios. Retíranse en aquel interno secreto y centro del alma para conocer a Dios y recibir su divina influencia con temor y amorosa reverencia. Si salen fuera, es solo al conocimiento y desprecio de sí mismas.

15. Pero sabrás que son pocas las almas que llegan a este dichoso estado, porque son pocas las que quieren abrazar el desprecio y dejarse labrar y purificar; por cuya causa, aunque son muchas las que entran en este interior camino, es rara la que pasa adelante y no se queda en los principios. Dijo el Señor a una alma: Este interior camino es de pocos, y aun de raros; es tan alta gracia, que no la merece ninguno; es de pocos, porque no es otra cosa este camino que una muerte de los sentidos, y son pocos los que as quieren morir y ser aniquilados, en cuya disposición se funda este tan soberano don.

16. Con esto te desengañarás y acabarás de conocer la diferencia grande que hay del camino exterior al interior, y cuán diferente es la presencia de Dios que nace de la meditación de la presencia de Dios infusa y sobrenatural, nacida del interior e infuso recogimiento y de la pasiva contemplación y finalmente sabrás la diferencia grande que hay del hombre exterior al interior.

Capítulo III. El medio para alcanzar la interior paz no es el gusto sensible ni el espiritual consuelo, sino la negación del amor propio

17. Dice San Bernardo que servir a Dios no es otra cosa que hacer bien y padecer mal. El que quiere caminar a la perfección por dulzura y consuelo vive engañado. No has de querer de Dios otro consuelo que acabar la vida por su amor en estado de verdadera obediencia y sujeción.

18. No fue el camino de Cristo Señor nuestro el de la dulzura y suavidad, ni fue ése al que nos convidó con sus palabras y ejemplo cuando dijo: *El que quisiere venir después de mí, niéguese a sí mismo, tome su cruz y sígame (Matth. 24,26).* Al alma que quiere unirse con Cristo le conviene conformarse con él, siguiéndole por el padecer.

19. Apenas comenzarás a gustar la dulzura del divino amor en la oración, cuando el enemigo con su cautelosa astucia te pondrá deseos de desierto y soledad, para que puedas sin embarazo de nadie tender las velas a la continua y gustosa oración.

20. Abre los ojos y advierte que este consejo y deseo no se conforma con el verdadero consejo de Cristo Señor nuestro, el cual no nos convidó a seguir la dulzura y consuelo de la propia voluntad, sino a la propia negación, diciendo: *Abne-*

get semetipsum. Como si dijera: el que quisiere seguirme y venir a la perfección, venda totalmente su propio arbitrio y, dejando todas las cosas, se exponga en todo al yugo de la obediencia y sujeción por la propia negación, la cual es la más verdadera cruz.

21. Muchas almas se hallarán dedicadas a Dios que reciben de la divina mano grandes sentimientos, visiones y mentales elevaciones, y con todo eso no las habrá el Señor comunicado la gracia de hacer milagros, penetrar los escondidos secretos y de anunciar los futuros sucesos, como a otras almas que pasaron constantes por la tribulación, tentación y verdadera cruz, en estado de perfecta humildad, obediencia y sujeción.

22. ¡Oh, qué gran dicha es ser súbdita y sujeta! ¡Qué gran riqueza el ser pobre! ¡Qué grande honra el ser despreciada! ¡Qué alteza el estar abatida! ¡Qué consuelo el estar afligida! ¡Qué sublime ciencia el estar reputada por necia! y finalmente ¡qué felicidad de felicidades el ser con Cristo crucificada! Esta es aquella dicha de que el Apóstol se gloriaba: *Nos autem gloriari oportet in cruce Domini nostri Jesu Christi* (*Ad Galat.* 6, 14). Gloríense los otros en sus riquezas, dignidades, delicias y honras, que para nosotros no hay más honra que ser con Cristo negados, despreciados y crucificados.

23. Pero —¡ay dolor!— que apenas se hallará un alma que desprecie los espirituales gustos y quiera ser negada por Cristo, abrazando su cruz con amor: *Multi sunt vocati, paua vero electi* (*Matth.* 22), dice el Espíritu Santo. Son muchos los llamados a la perfección, pero pocos los que llegan, porque son pocos los que abrazan la cruz con paciencia, constancia, paz y resignación.

24. Negarse a sí mismo en todas las cosas, estar sujeto al parecer ajeno, mortificar continuamente todas las pasiones interiores, aniquilarse en todo y por todo a sí mismo, seguir

siempre lo que es contrario a la propia voluntad, al apetito y juicio propio, es de pocos; muchos son los que lo enseñan, pero pocos los que lo practican.

25. Muchas almas emprendieron y emprenden cada día este camino y perseveran mientras gustan la sabrosa dulzura de la miel del primitivo fervor; pero apenas cesa esta suavidad y sensible gusto, por la tempestad que sobreviene de la tribulación, tentación y sequedad (necesarias para llegar al alto monte de la perfección), cuando declinan y vuelven las espaldas al camino: señal manifiesta que se buscaban a sí mismas y no a Dios ni a la perfección.

26. Plegue a Dios que las almas que tuvieron luz y fueron llamadas a la interior paz, y (por no estar constantes en la sequedad y en la tribulación y tentación) volvieron atrás, no sean echadas a las tinieblas exteriores, como el que fue hallado sin vestidura de boda, aunque era siervo, por no haberse dispuesto, dejándose llevar del amor propio.

27. Este monstruo se ha de vencer. Esta hidra de siete cabezas del amor propio se ha de degollar para llegar a la cumbre del alto monte de la paz. Cébase en todo este monstruo. Ya se introduce entre los deudos, que impiden extrañamente con su comunicación, a que el natural se deja llevar con facilidad. Ya se mezcla con buena cara de gratitud en la afición apasionada y sin límite al confesor. Ya en la afición a las vanaglorias espirituales sutilísimas; ya a las temporales y honrillas muy delicadas, apegadas todas a los huesos. Ya se apega a los gustos espirituales, y aun se asienta en los mismos dones de Dios y gracias gratis datas. Ya desea con demasía la conservación de la salud y con disimulo el tratamiento y propia comodidad. Ya quiere parecer bien con sutilezas muy delicadas. Y finalmente se apega con notable propensión a su propio juicio y parecer en todas las cosas cuyas raíces están entraña-

das en la propia voluntad. Todos son efectos del amor propio y, si no se niegan, es imposible subir a la alteza de la perfecta contemplación, a la suma felicidad de la amorosa unión y al sublime trono de la interior paz.

Capítulo IV. De dos martirios espirituales con que Dios purga al alma que quiere consigo unirla

28. Ahora sabrás cómo suele Dios usar dos modos de purgar las almas que quiere perfeccionar y alumbrar para unirlas estrechamente consigo. El primero, del cual trataremos en éste y el siguiente capítulo, es con amargas aguas de aflicciones, tentaciones, angustias, apreturas e interiores tormentos.

29. El segundo, con fuego ardiente de inflamado amor, impaciente y hambriento. Tal vez se vale de entrambos en aquellas almas que quiere colmar de gracias, de amor, de luz y paz interior. Ya las mete en la lejía fuerte de tribulaciones y amarguras internas y externas, abrasándolas con el fuego de la rigurosa tentación; ya en el crisol del amor ansioso y celoso, apretándolas fuertísimamente, porque al paso que quiere el Señor que sea mayor la iluminación y unión de un alma, tanto es más fuerte el tormento y purgación, porque todo el conocimiento y” unión con Dios nace del padecer, que es la prueba verdadera del amor.

30. ¡Oh, si entendieses los provechos grandes de la tribulación! Esta es la que borra los pecados, purga al alma y obra la paciencia. Esta es la que en la oración la inflama, la dilata y hace ejercitar el más alto acto de caridad. Esta es la que alegra al alma, la acerca a Dios, la hace llamar y entrar en el cielo. Esta es la que prueba a los verdaderos siervos del Señor, y los hace sabios, fuertes y constantes. Esta es la que hace oír a Dios con presteza: *Ad Dominum cum tribularer clamavi*

et exaudivit me (*Psal.* 119). Esta es la que aniquila, afina y perfecciona. Esta es finalmente la que hace a las almas de terrestres celestiales y de humanas divinas, transformándolas y uniéndolas con modo maravilloso a su humanidad y divinidad. Bien dijo San Agustín que la vida del alma sobre la tierra es la tentación.

31. Bienaventurada el alma que siempre es combatida, si resiste constante a la tentación. Este es el medio que el Señor toma para humillarla, aniquilarla, confirmarla, mortificarla, negarla, perfeccionarla y llenarla de sus divinos dones. Por este medio de la tribulación y tentación la llega a coronar y transformar. Persuádete que al alma para ser perfecta le son necesarias tentaciones y batallas.

32. ¡Oh alma bendita, si tú supieses estar constante y quieta en el fuego de la tribulación y te dejases lavar con el agua amarga de la aflicción, qué presto te hallarías rica de dones celestiales y qué presto haría en tu alma la bondad divina un rico trono y habitación hermosa para solazarse en ella!

33. Sabe que no tiene este Señor su reposo sino en las almas quietas, en aquellas que el fuego de la tribulación y tentación ha quemado la escoria de las pasiones y en aquellas que el agua amarga de las aflicciones ha consumido las manchas sucias de los desordenados apetitos. Y finalmente no descansa este Señor sino donde reina la quietud y está desterrado el propio amor.

34. Pero no llegará tu alma a este dichoso estado ni experimentará la preciosa prenda de la interior paz, aunque haya salido vencedora con la divina gracia de los exteriores sentidos, mientras no estuviere purificada de las desordenadas pasiones de la concupiscencia, de la estimación propia, de los deseos y cuidados, aunque espirituales, y de otros muchos apegos y ocultos vicios que están dentro de ella misma,

impidiendo miserablemente la pacífica entrada de aquel gran Señor que quiere unirse y transformarse contigo.

35. Impiden también este gran don de la paz del alma las mismas virtudes adquiridas y no purificadas. También está el alma impedida por el desordenado deseo de los sublimes dones, por el apetito de sentir el espiritual consuelo, por el apego a las infusas y divinas gracias, entreteniéndose en ellas y deseando muchas otras para gozarlas y finalmente por el deseo de ser grande.

36 ¡Oh, cuánto hay que purificar en un alma que ha de llegar al santo monte de la perfección y transformación con Dios! ¡Oh, qué dispuesta, desnuda, negada y aniquilada debe estar el alma para no impedir la entrada de este divino Señor y su continua comunicación!

37. Esta disposición de preparar al alma en su fondo para la divina entrada es necesario que la haga la divina sabiduría. Si un serafín no es bastante a purificar al alma, ¿cómo se purificará la misma alma, frágil, miserable y sin experiencia?

38. Por eso el mismo Señor te dispondrá y preparará pasivamente, sin que tú lo entiendas, con el fuego de la tribulación y tormento interior, sin más disposición de tu parte que el consentimiento en la interior y exterior cruz.

39. Experimentarás dentro de ti misma la pasiva sequedad, las tinieblas, las angustias, las contradicciones, la repugnancia continua, los interiores desamparos, las horribles desolaciones, las continuas e inoportunas sugestiones y vehementes tentaciones del enemigo y finalmente te verás tan atribulada que no podrás alzar el corazón lleno de amargura, aun para hacer un mínimo acto de fe, esperanza ni de amor.

40. Aquí te verás desamparada y sujeta a las pasiones de impaciencia, ira, rabia, blasfemia y desordenados apetitos, pareciéndote ser la más miserable criatura, la mayor peca-

dora, la más aborrecida de Dios y desnuda de toda virtud, con pena casi de infierno, viéndote afligida y desolada, por pensar que has perdido del todo a Dios: éste será tu cruel cuchillo y más acerbo tormento.

41. Pero si bien te verás así oprimida, pareciéndote con evidencia ser soberbia, impaciente y airada, no tendrán fuerza ni lugar en tu alma estas tentaciones por la oculta virtud y don interior de la fortaleza que reina en lo Íntimo de ella, superando la más terrible pena y vehemente tentación.

42. Está constante, oh alma bendita, está constante, que nunca más amas ni estás más cerca de Dios que en semejantes desamparos; que si bien el Sol está escondido por las nubes, no muda su lugar ni pierde por eso su hermoso resplandor. Permite el Señor este penoso desamparo en tu alma, para purgarte, limpiarte, negarte y desnudarte de ti misma, y que de este modo seas toda suya y del todo te entregues a él, así como su infinita bondad se da del todo a ti para que seas sus delicias, que aunque tú gimes, te lamentas y lloras, él se alegra y goza en lo más secreto y escondido de tu alma.

Capítulo V. Cuán importante y necesario le sea al
alma interior padecer a ciegas este primero y espiritual
martirio

43. Para que el alma de terrestre se haga celestial y llegue a aquel sumo bien de la unión con Dios es necesario que se purifique en el fuego de la tribulación y tentación.

44. Y aunque es verdad y máxima experimentada que todos los que sirven al Señor han de padecer trabajos, persecuciones y tribulaciones, las dichosas almas que son guiadas de Dios por la vía secreta del interior camino y contemplación purgativa han de padecer sobre todo fuertes y horribles ten-

taciones y más atroces tormentos que aquellos con que se coronaron los mártires de la primitiva Iglesia.

45. Los mártires, a más de ser breve el tormento, que apenas era de días, se gozaban con clara luz y especial socorro en la esperanza de los vecinos y seguros premios. Pero el alma desolada, que ha de morir en sí misma y desnudar y limpiar el corazón, viéndose desamparada de Dios, cercada de tentaciones, tinieblas, angustias, congojas, afanes y rigurosas sequedades, prueba cada instante la muerte en su penoso tormento y tremenda desolación, sin experimentar un mínimo consuelo, con una aflicción tan grande que no parece su pena sino una prolongada muerte y continuo martirio. Pero —¡ay dolor!— qué raras son las almas que siguen a Cristo Señor nuestro con paz y resignación en semejantes tormentos.

46. Allá martirizaban los hombres y consolaba Dios al alma; ahora quien desconsuela es Dios, que se esconde, y los demonios como crueles sayones atormentan de mil modos al cuerpo y al alma, quedando dentro y fuera todo el hombre crucificado.

47. Te parecerán insuperables tus angustias e inconsolables tus aflicciones y que el cielo ya no llueve sobre ti. Te verás circuida de dolores, rodeada de tormentos internos, las tinieblas de las potencias, la impotencia de los discursos. Te afligirán las vehementes tentaciones, las penosas desconfianzas y los molestos escrúpulos; hasta la luz y el juicio te desampararán.

48. Todas las criaturas te darán molestia, los consejos espirituales te darán pena, la lección de los libros, aunque santos, no te consolará como solía; si te hablan de paciencia te afligirán sobre manera; el temor de perder a Dios por tus ingratitudes y malas correspondencias te atormentará hasta lo más íntimo de las entrañas. Si gimes y pides socorro a

Dios, hallarás en vez de alivio la interior reprehensión y el disfavor como otra cananea, que al principio no la respondió y después la trató de perra.

49. Y aunque en este tiempo no te desamparará el Señor, porque fuera imposible pasar un solo instante sin su ayuda, será tan oculto el socorro que no lo conocerá tu alma, ni será capaz de la esperanza y el consuelo, antes bien le parecerá estar sin remedio padeciendo como los condenados las penas del infierno, y las trocaría por las suyas a muerte violenta y le sería de mucho alivio, pero le parecerá imposible, como a ellos, el fin de las aflicciones y de los desconsuelos. (*Circumdederunt me dolores mortis, et pericula inferni invenerunt me.*) (*Psal.* J14)

50. Pero, oh alma bendita, si tú supieses cuánto eres amada y defendida de aquel divino Señor en medio de tus amorosos tormentos, los experimentarías tan dulces que sería necesario hiciese Dios un milagro para que vivieses. Está constante, oh alma dichosa, está constante y ten buen ánimo, que aunque a ti misma seas insufrible, serás de aquel sumo bien amparada, enriquecida y amada, como si no tuviera otra cosa que hacer que encaminarte a la perfección por los grados más altos del amor.

51. Y si no vuelves la cara y perseveras con constancia sin dejar la empresa, sabe que haces a Dios el más agradable sacrificio, de tal manera que si este Señor fuera capaz de pena, no hallaría jamás quietud hasta la unión amorosa que haría con tu alma.

52. Si del caos de la nada ha sacado tantas maravillas su omnipotencia, qué hará en tu alma, hecha a su imagen y semejanza, si tú perseveras constante, quieta y resignada con el conocimiento verdadero de tu nada. Feliz el alma que, aun

cuando turbada, afligida y desolada, se está constante allá dentro, sin salir fuera a buscar el exterior consuelo.

53. No te aflijas demasiado y con inquietud porque continúen estos martirios atroces; persevera en humildad y no te salgas fuera a buscar la ayuda, que todo tu bien está en callar, sufrir y tener paciencia con quietud y resignación. Ahí hallarás la divina fortaleza para superar tan acerba guerra; dentro de ti está el que por ti pelea, que es la misma fortaleza.

54. Cuando llegares a este penoso estado de la tremenda desolación, no le es prohibido a tu alma el llanto y el lamento, mientras en la parte superior estuvieses resignada. ¿Quién podrá sufrir la pesada mano del Señor sin el llanto y lamento? Se lamentó aquel gran campeón Job, y aun el mismo Cristo Señor nuestro en sus desamparos, pero fueron sus llantos resignados.

55. No te aflijas porque Dios te crucifique y pruebe tu fidelidad; imita a la cananea, que siendo desechada se humilló y le siguió, aunque la trató de perra. Es necesario beber el cáliz y no volver atrás. Si te quitaran las escamas de los ojos, como a San Pablo, verías la importancia del padecer y te gloriarías como él, estimando en más ser crucificado que ser del apostolado.

56. No está la dicha en gozar sino en padecer con quietud y resignación. Santa Teresa apareció después de muerta a un alma y la dijo que solo la habían premiado las penas y que no había tenido un adarme de premio de cuantos éxtasis, revelaciones y consuelos había gozado acá en el mundo.

57. Aunque este penoso martirio de la horrible desolación y pasiva purgación es tan tremendo que con razón le dan nombre de infierno los místicos (porque parece imposible vivir un solo instante con tan atroz tormento, de tal manera que se puede decir con mucha verdad que el que lo padece

vive muriendo y muriendo vive una prolongada muerte), con todo eso sabe que es necesario sufrirlo para llegar a la dulce, suave y abundante riqueza de la alta contemplación y amorosa unión; y no ha habido alma santa que haya llegado a este estado que no haya pasado por este espiritual martirio y penoso tormento. San Gregorio le padeció los dos últimos meses de su vida. Dos años y medio, San Francisco de Asís. Cinco, Santa Magdalena de Pacis. Santa Rosa del Perú, quince y después de tantos prodigios que pasmaron al mundo, le padeció Santo Domingo hasta media hora antes de su feliz tránsito. Y así, si tú quieres llegar a ser lo que los santos fueron, es necesario sufrir lo que ellos sufrieron.

Capítulo VI. Del segundo martirio espiritual con que
Dios purga al alma que quiere consigo unirla

58. El otro martirio, más útil y meritorio en las almas ya aprovechadas en la perfección y alta contemplación, es un fuego del amor divino que abrasa al alma y hace que pene con el mismo amor. Ya la aflige la ausencia del amado; ya la atormenta el suave, ardiente y dulce peso de la amorosa y divina presencia. Este dulce martirio la hace siempre suspirar; unas veces, si goza y tiene a su amado, con el gusto de tenerle, que no cabe en sí; otras, si no se manifiesta, con el ansia encendida de buscarle, hallarle y gozarle: todo es suspirar, padecer y morir de amor.

59. ¡Oh, si se llegase a entender la contrariedad de accidentes que un alma enamorada padece! La guerra tan terrible y fuerte por una parte, y tan dulce, suave y amorosa por otra. El martirio tan penetrante y agudo con que el amor la atormenta, y la cruz tan penosa y dulce, sin querer verse libre de ella en esta vida.

60. A la medida que crecen la luz y el amor, crece el dolor por ver ausente el bien que tanto ama. El sentirlo cerca de sí es gozo, y el no acabar de conocerlo y poseerlo perfectamente la acaba la vida. Tiene la comida y bebida junto a la boca, estando con mucha hambre y sed, y no puede satisfacerse. Se ve engolfada y anegada en un mar de amor, y la mano poderosa junto a sí que la puede remediar, y con todo eso no lo hace, ni sabe el alma cuándo verá lo que tanto desea.

61. Siente a veces la voz interior de su amado que le da prisa y llama, y un silbo muy delicado que sale de lo íntimo del alma donde él mora, que la penetra fuertemente hasta derretirla y deshacerla, viendo cuán cerca lo tiene dentro de sí y cuán lejos, pues no acaba de poseerlo. Esto la embriaga, desmaya, desfallece y llena de insaciabilidad; por eso se dice que el amor es fuerte como la muerte, pues también él mata, como ella.

Capítulo VII. La interior mortificación y perfecta
resignación son necesarias para alcanzar la interior paz

62. La más sutil saeta que nos tira la naturaleza es inducirnos a lo ilícito, con pretexto de necesario y provechoso. ¡Oh, cuántas almas se han dejado llevar y han perdido el espíritu por este dorado engaño! No gustarás jamás del delicioso maná, *quod nema nocet nisi qui accipit* (*Apoc.* 2), si no te vences perfectamente hasta morir en ti misma; porque el que no procura morir a sus pasiones no está bien dispuesto para recibir el don de entendimiento, sin cuya infusión es imposible que entre en la introversión y se mude en el espíritu, y así los que están fuera viven sin él.

63. Resígnate y niégate en todo, que aunque la verdadera negación de sí mismo es áspera a los principios, es fácil en

medio y al fin es suavísima. Conocerás que estás muy lejos de la perfección si no hallas a Dios en todas las cosas. El puro, perfecto y esencial amor sabrás que consiste en la cruz, en la voluntaria negación y resignación, en la perfecta humildad, pobreza de espíritu y desprecio de ti misma.

64. En el tiempo de la rigurosa tentación, desamparo y desolación importa entrarte y estarte en lo íntimo de tu centro, para que solo mires y contemples a Dios, que tiene su trono y quietud en el fondo del alma. La impaciencia y amargura de corazón experimentarás que nacen del fondo del amor sensible, vacío y poco mortificado. Conócese el verdadero amor y sus efectos cuando el alma se humilla profundamente y quiere verdaderamente ser mortificada y menospreciada.

65. Muchos hay que, aunque se han dado a la oración, no gustan de Dios, porque en saliendo de la oración ni se mortifican ni atienden más a Dios. Es necesario para alcanzar la pacífica y continua atención gran pureza de intención de corazón, grande paz de alma y total resignación. A los sencillos y mortificados les es muerte la recreación de los sentidos; nunca van a ella sino forzados, por necesidad y edificación del prójimo.

66. El fondo de nuestra alma sabrás que es el asiento de nuestra felicidad. Allí nos manifiesta el divino Señor las maravillas. Allí nos engolfamos y perdemos en el mar inmenso de su infinita bondad, en quien quedamos estables e inmobles. Allí, la inefable fruición de nuestra alma y la eminente y amorosa quietud. El alma humilde y resignada que llegó a este fondo ya no busca sino el agrado puro de Dios, y el divino y amoroso espíritu la enseña todas las cosas con su suave y vivifica unción.

67. Entre los santos se hallan algunos gigantes que continuamente padecen con tolerancia los achaques del cuerpo, de

los cuales tiene Dios mucho cuidado. Pero es alto y supremo don el de aquellos que por la fortaleza del Santo Espíritu toleran con resignación y paciencia las cruces interiores y exteriores. Este es aquel género de santidad tan raro como precioso delante de los ojos de Dios. Son raros los espirituales que van por este camino, porque son pocos en el mundo los que totalmente se nieguen a sí mismos para seguir a Cristo crucificado, con sencillez y desnudez de espíritu, por los desiertos y espinosos caminos de la cruz, sin hacer de sí mismos reflexión.

68. La vida negada es sobre todos los milagros de los santos; ni conoce si es viva o muerta, si perdida o ganada, si consiente o resiste, porque a nada puede hacer reflexión: ésta es la vida resignada y la verdadera. Pero aunque en mucho tiempo no llegues a este estado y te parezca no has dado un paso, no por eso desmayes, que lo que se le ha negado a una alma en muchos años suele Dios dárselo en un punto.

69. El que desea padecer a ciegas, sin consuelo de Dios ni de criaturas, tiene mucho andado para resistir a las injustas acusaciones que contra él hacen los enemigos, aun en la más tremenda e interior desolación.

70. El espiritual que vive para Dios y en Dios, en medio de las adversidades del cuerpo y del alma está interiormente contento, porque la cruz y la aflicción son su vida y sus delicias. La tribulación es un gran tesoro con el cual honra Dios en esta vida a los suyos; por eso los hombres malos son para los buenos necesarios, y también los demonios que por solicitar nuestra ruina nos afligen, y en vez de mal nos hacen el mayor bien que se puede imaginar. Para que la vida humana sea a Dios acepta no puede estar sin la tribulación, así como el cuerpo sin el alma, el alma sin la gracia y la tierra sin el

Sol. Con el viento de la tribulación separa Dios en la era del alma la arista del grano.

71. Cuando Dios crucifica en lo íntimo del alma, no puede ninguna criatura consolarla, antes bien los consuelos le son graves y amargas cruces. Y si está bien instruida en las leyes y disciplinas de los caminos del amor puro, en el tiempo de las grandes desolaciones y trabajos interiores no debe ni podrá buscar fuera el consuelo en las criaturas ni lamentarse con ellas; ni podrá leer libros espirituales, porque éste es un oculto modo de apartarse del padecer.

72. Ten lástima a las almas que no se les puede persuadir que es el mayor bien la tribulación y el padecer. Los perfectos siempre han de desear morir y padecer; siempre muriendo y siempre padeciendo. Es vano el hombre que no padece, porque nació para trabajar y padecer, y mucho más los amigos y escogidos de Dios.

73. Desengáñate que para llegar el alma a la total transformación con Dios es necesario que se pierda y niegue a su vivir, sentir, saber, poder y morir; viviendo y no viviendo; muriendo y no muriendo; padeciendo y no padeciendo; resignándose y no resignándose, sin hacer a nada reflexión.

74. La perfección en sus secuaces no recibe sus esplendores sino por el fuego, martirios, dolores, tormentos, penas y desprecios de buena gana sufridos y el que desea ver siempre dónde pone el pie para descansar y no traspasa la región de la razón y del sentido, no entrará jamás al retrete secreto de la ciencia mística, aunque leyendo guste y saboree por afuera su inteligencia.

Capítulo VIII. Prosigue lo mismo

75. Sabrás que no se manifestará el Señor dentro de tu alma mientras no estuviere negada en sí misma y muerta en sus sentidos y potencias. Ni llegará jamás a este estado hasta que resignada perfectamente se resuelva a estar con Dios a solas, estimando tanto los dones como los desprecios, la luz como las tinieblas y la paz como la guerra. Finalmente, para que el alma llegue a la perfecta quietud y suprema paz interior, debe primero morir en sí misma y vivir solo en Dios y para Dios.

76. Sabe que tanto cuanto estará muerta tu alma en sí misma, tanto más conocerá a Dios. Pero si no atiende a la continua negación de sí misma y a la interior mortificación, no llegará jamás a este estado ni conservará a Dios dentro de sí, con que siempre estará sujeta a los accidentes y pasiones del ánimo, como son juzgar, murmurar, resentirse, excusarse, defenderse por conservar su honra y estimación propia, enemigos de la quietud, de la perfección, de la paz y del espíritu.

77. La diversidad de los estados entre los espirituales solo consiste en no morirse todos igualmente. Pero en los dichosos, que mueren continuamente, tiene Dios su paraíso, su honra, sus bienes y delicias en la tierra. Grande es la diferencia que hay entre el hacer, padecer y morir: el hacer es deleitable y de principiantes; el padecer con deseo es de los que se aprovechan; el morir siempre en sí mismos es de los aprovechados y perfectos, de cuyo número son bien raros los que se hallan en el mundo.

78. Qué feliz serás si no cuidas de otra cosa que de morir en ti misma; entonces no solo saldrás vencedora de los enemigos, sino de ti misma, en cuya victoria hallarás de cierto el puro amor, la perfecta quietud y la divina sabiduría.

Es imposible que pueda nadie sentir y vivir místicamente, en sencilla inteligencia de la divina e infusa sabiduría, si no muere primero en sí por la total negación del sentido y racional apetito.

79. La verdadera lección del espiritual, y la que tú debes aprender, es dejar todas las cosas en su lugar y no mezclarte ni introducirte en ninguna que no sea por obligación de oficio; porque el alma que se mortifica en dejarlo todo por Dios, entonces comienza a tenerlo todo para la eternidad.

80. Hay algunas almas que buscan el descanso; otras, sin buscarlo, gustan de él; otras gustan de la pena, y otras la buscan. Las primeras no andan nada; las segundas caminan; las terceras corren, y las cuartas vuelan.

81. Sentir mal del regalo y tenerlo por tormento es propiedad de verdadero mortificado. El gozo y paz interior son frutos del divino espíritu, y ninguno los llega a poseer si en lo íntimo del corazón no está resignado. Mira que los enojos de los buenos pasan presto, pero con todo eso procura no tenerlos ni pararte en ellos, porque dañan la salud, perturban la razón e inquietan el espíritu.

82. Entre otros santos consejos que has de observar, atiende al que se sigue. No mires los defectos ajenos, sino los propios, guarda el silencio con un trato interior continuado, mortifícate en todo y a todas horas, y con eso te librarás de muchas imperfecciones y te harás señora de grandes virtudes. No juzgues jamás mal de nadie, porque la mala sospecha del prójimo turba la pureza

83. No tendrás jamás perfecta resignación si miras los respetos humanos y reparas en el idolillo del qué dirán. El alma que camina por la vía interior, si entre las criaturas y su trato mira la razón, se perderá; no hay más razón que no mirar a la razón, y pensar que Dios permite se nos hagan sinrazones

para humillarnos y aniquilarnos, y para que en todo vivamos resignados. Mira que estima Dios más un alma que vive interiormente resignada que otra que hace milagros, aunque resucite muertos.

84. Hay algunas almas que aunque tienen oración, por no mortificarse, siempre se quedan imperfectas y llenas de propio amor. Ten por verdadera máxima que al alma de sí misma despreciada y que en su conocimiento es nada, nadie la puede hacer agravio ni injuria. Finalmente, espera, sufre, calla y ten paciencia; nada te turbe, nada te espante, que todo se acaba; solo Dios no se muda, y la paciencia todo lo alcanza; quien a Dios tiene, todo lo tiene; quien a Dios no tiene, todo le falta.

Capítulo IX. Para alcanzar la interior paz es necesario
conozca el alma su miseria

85. Si el alma no cayese en algunos defectos, jamás llegaría a penetrar su miseria, aunque oiga vivas voces y lea libros espirituales. Ni podrá jamás alcanzar la preciosa paz, si primero no conoce su miserable flaqueza;, porque es difícil el remedio donde no hay conocimiento claro del defecto.

86. Permitirá Dios en ti uno y otro defecto para que con ese conocimiento de ti misma, viéndote tantas veces caída, te persuadas que eres nada, en donde se funda la humildad perfecta y paz verdadera y para que mejor penetres tu miseria y lo que eres, quiero darte a entender algunas de tus muchas imperfecciones.

87. Estás tan viva, que si por ventura caminando te detienen el paso o estorban el camino, sientes el infierno. Si te niegan lo debido o se oponen a tu gusto te embraveces con sentimiento. Si ves algún defecto en el prójimo, en vez

de compadecerle y pensar estás sujeta a la misma caída, le reprendes con imprudencia. Si deseas algo de propia comodidad y no lo puedes alcanzar, te melancolizas y llenas de amargura. Si recibes del prójimo algún pequeño agravio, te alteras y lamentas. De manera que por cualquier niñería te descompones dentro y fuera y te pierdes a ti misma.

88. Bien quisieras ejercitar la paciencia, pero con la paciencia ajena y si dura toda la vida la impaciencia, das con mucha industria la culpa al compañero, sin atender que a ti misma eres insufrible. Pasado el rencor, te vuelves con astucia a hacerte virtuosa, dando documentos y refiriendo sentencias espirituales con sutileza de ingenio, sin enmendarte de tus pasados defectos. Aunque te acusas de buena gana reprendiendo tus culpas en presencia de otras personas, más es justificarte con quien ve tus defectos, para volver de nuevo a la antigua estima, que efecto de humildad perfecta.

89. Otras veces alegas con sutileza que no por vicio sino por celo de justicia te lamentas con el prójimo. Te persuades las más veces que eres virtuosa, constante y valerosa hasta dar la vida en manos del tirano, solo por el amor divino; y apenas oyes la palabrita amarga, cuando te afliges, te turbas y te inquietas. Todas son industriosas mañas del amor propio y soberbias secretas de tu alma. Conoce, pues, que reina en ti el propio amor, y que para alcanzar esta preciosa paz es el mayor impedimento.

Capítulo X. Se enseña y descubre cuál sea humildad
falsa y verdadera, y se declaran sus efectos

90. Sabrás que hay dos maneras de humildad, una falsa y fingida y otra verdadera. La fingida es de aquellos que, como el agua que ha de subir, toman una caída exterior y artificiosa

de rendimiento, para subir luego. Estos huyen la estimación y honra para que los tengan por humildes; dicen de sí que son muy malos para que los tengan por buenos, y aunque conocen su miseria, no quieren que de los otros sea conocida. Esta es humildad falsa y fingida, y soberbia secreta.

91. Hay otra humildad verdadera y es de aquellos que alcanzaron perfecto hábito de humildad. Estos jamás piensan en ella, sino que juzgan humildemente de sí, obran con fortaleza y tolerancia, viven y mueren en Dios. Ni atienden a sí ni a las criaturas; en todo se están constantes y quietos; sufren con gozo las molestias, deseando siempre mayores para imitar a su amado y despreciado Jesús; desean ser tenidos en el vulgo por fábula y escarnio; se contentan con lo que Dios les da y se encogen con sosegada confusión en los defectos; no se humillan por el consejo de la razón, sino por el afecto de la voluntad; no hay honra que apetezcan ni injuria que les turbe; no hay trabajo que les inquiete ni prosperidad que les ensoberbezca; porque se están siempre inmobles en su nada y en sí mismos con perfecta paz.

92. Y para que te desengañes de la interior y verdadera humildad, sabrás que no consiste en los actos exteriores, en tomar el ínfimo lugar, ni en vestir pobre, hablar bajo, cerrar los ojos, suspirar afectuoso, ni en acusarse de defectos, diciendo que es miserable para dar a entender que es humilde. Solo está en el desprecio de sí mismo y en el deseo de ser despreciado con un bajo y profundo conocimiento, sin que el alma se tenga por humilde, aunque un ángel se lo revele.

93. El arroyo de luz con que en las mercedes ilustra el Señor al alma hace dos cosas: descubre la grandeza de Dios y al mismo paso hace conocer al alma su hediondez y miseria, de manera que no hay lengua que pueda decir el abismo en que queda sumergida, deseosa que todos conozcan su vileza

y está tan lejos de la vanagloria y de la complacencia cuanto conocida que es sola bondad de Dios y pura misericordia suya aquella merced que la franquea.

94. Nunca serás dañada de los hombres ni de los demonios, sino de ti misma, de tu propia soberbia y de la violencia de tus pasiones. Guárdate de ti, porque tú misma eres para ti el mayor demonio del infierno. No quieras ser estimada, cuando Dios hecho hombre es tenido por necio, embriagado y endemoniado. ¡Oh necedad de los cristianos, que queramos gozar de la bienaventuranza sin querer imitarle en la cruz, en los oprobios, en la humanidad, pobreza y demás virtudes!

95. El verdadero humilde se está en la quietud de su corazón reposado; allí sufre la prueba de Dios, de los hombres y del demonio sobre toda razón y discreción, poseyéndose a sí mismo en paz y quietud, esperando con toda humildad el agrado puro de Dios, así en la vida como en la muerte. No le inquietan las cosas de afuera más que si no fuesen. A éste la cruz y muerte son delicias, aunque exteriormente no lo manifieste. Pero ¡ay, de quién hablamos, que se hallan pocos de estos humildes en el mundo!

96. Desea, espera, sigue y muere incógnita, que aquí está el amor humilde y el perfecto. ¡Oh, qué de paz experimentarás en el alma si te humillas profundamente y abrazas los desprecios! No serás perfectamente humilde, aunque conozcas tu miseria, si no deseas que sea de todos conocida; entonces huirás las alabanzas, abrazarás las injurias, despreciarás todo lo criado, hasta a ti misma, y si te viniere alguna tribulación, no culparás a ninguno, sino que juzgarás viene de la mano del Creador, como dador de todo bien.

97. Si quieres llevar bien los defectos de tus prójimos, pon los ojos en los tuyos propios y si piensas haber hecho algún

provecho en la perfección por ti misma, sabe que no eres humilde ni has dado un paso en el camino del espíritu.

98. Los grados de la humildad son las calidades del cuerpo enterrado; estar en el ínfimo lugar sepultado como muerto, estar hediondo y corrompido a sí mismo, y en su propia estimación ser polvo y nada. Finalmente, si quieres ser bienaventurada, aprende a menospreciar y a ser menospreciada.

Capítulo XI. Máximas para conocer el corazón sencillo,
humilde y verdadero

99. Aliéntate a ser humilde, abrazando las tribulaciones como instrumento de tu bien. Alégrate en el desprecio y desea que solo Dios sea tu único refugio, amparo y consuelo. Ninguno, por grande que sea en este mundo, es más de aquello que fuere en los ojos de Dios, y así el verdadero humilde desprecia todo cuanto hay, hasta a sí mismo, y solo en Dios tiene su reposo y descanso.

100. El verdadero humilde sufre con quietud y paciencia los trabajos interiores, y éste en poco tiempo camina mucho, como el que navega con viento en popa.

101. El verdadero humilde halla a Dios en todas las cosas, y así todo lo que le sucede de desprecio, injuria y afrenta por medio de las criaturas lo recibe con gran paz y quietud interior, como enviado de la divina mano, y ama sumamente al instrumento con el cual le prueba el Señor.

102. No ha llegado a tener humildad profunda el que se complace en la alabanza, aunque no la desee ni la busque, y aunque huya de ella, porque al corazón humilde las alabanzas le son amargas cruces, aunque en todo se está quieto e inmoble.

103. No tiene humildad interior el que no se aborrece a sí mismo con un mortal odio, pero pacífico y quieto. No llegará jamás a alcanzar este tesoro el que no tuviere un bajo y profundísimo conocimiento de su vileza, de su hediondez y miseria.

104. El que se excusa y replica no tiene corazón sencillo y humilde, especialmente si es con los superiores, porque las réplicas nacen de la secreta soberbia que reina en el alma, y de ésta la total ruina.

105. La porfía supone poco rendimiento y éste menos humildad, y ambas a dos son fomento de inquietud, discordia y turbación.

106. Al humilde corazón no le inquietan las imperfecciones, aunque le traspasen el alma de dolor, puramente por ser contra su amoroso Señor. A éste no le turba tampoco el no poder hacer cosas grandes porque siempre se está en su nada y su miseria; antes bien, se admira de sí mismo cuando hace alguna cosa de virtud, y luego da las gracias al Señor con un verdadero conocimiento de que es solo su Majestad el que lo hace todo, y de sí queda en cuanto obra descontento.

107. El verdadero humilde, aunque lo ve todo, no mira nada para juzgarlo, porque solo de sí juzga mal.

108. El verdadero humilde siempre halla excusa para defender al que le mortifica, por lo menos en la sana intención. ¿Quién se enojará pues con el bien intencionado?

109. Tanto y más desagrada a Dios la falsa humildad como la verdadera soberbia, porque aquélla es también hipocresía.

110. El verdadero humilde, aunque le sucedan todas las cosas al revés, ni se inquieta ni se aflige, porque le coge prevenido y le parece que ni aún eso merece. Este no se inquieta en los molestos pensamientos con que el demonio le atormenta, ni en las tentaciones, tribulaciones y desolaciones; antes bien,

se reconoce indigno y lo tiene a gran consuelo que el Señor le atormente por el demonio, aunque tan vil instrumento, y, todo lo que padece le parece nada, ni hace jamás cosa que juzgue merece se haga caso de ella.

111. El que ha llegado a la perfecta e interior humildad, aunque no se inquieta de nada, como se aborrece por conocer en todo su imperfección, su ingratitud y miseria, padece gran cruz en sufrirse a sí mismo. Esta es la señal para conocer la verdadera humildad del corazón; pero esta dichosa alma que ha llegado a este santo odio de sí misma vive anegada, abismada y sumergida en su nada, de donde la eleva el Señor para comunicarle la divina sabiduría y hacerla rica de luz, de paz, de tranquilidad y amor.

Capítulo XII. La soledad interior es la que
principalmente conduce para alcanzar la interior paz

112. Sabrás que aunque la soledad exterior ayuda mucho para alcanzar la interior paz, no es ésta de la que habló el Señor cuando dijo por su Profeta: *Llevaréla a la soledad y la hablaré al corazón (Oseas, 2)*, sino de la interior, que es la que únicamente conduce para alcanzar la preciosa margarita de la paz interior. Consiste la interior soledad en el olvido de todas las criaturas, en el desapego y perfecta desnudez de todos los afectos, deseos y pensamientos, y de la propia voluntad. Esta es la verdadera soledad, donde descansa el alma con una amorosa e íntima serenidad en los brazos del sumo bien.

113. ¡Oh, qué infinitos espacios hay dentro del alma que ha llegado a esta divina soledad! ¡Oh, qué Íntimas, qué retiradas, qué secretas, qué anchas y qué inmensas distancias hay dentro de la feliz alma que ha llegado a ser verdaderamente solitaria! Allí trata y se comunica el Señor interiormente con

el alma. Allí la llena de sí, porque está vacía; la viste de su luz y amor, porque está desnuda; la eleva, porque está baja; y la une y la transforma en sí, porque está sola.

114. ¡Oh apacible soledad y cifra de eternos bienes! ¡Oh espejo donde se mira de continuo el Padre Eterno! Con razón te llamas soledad, porque estás tan sola que apenas hay un alma que te busque, que te ame y te conozca. ¡Oh divino Señor! ¿Cómo las almas no caminan a esta gloria de la tierra? ¿Cómo pierden tanto bien por un solo afecto y deseo de lo criado? ¡Oh qué dichosa serás si lo dejas todo por Dios! A él solo busca, a él solo anhela y por él solo suspira. No quieras nada y nada te dará molestia, y si desearas algún bien, aunque espiritual, sea de manera que no te inquiete cuando no se consiga.

115. Si con esta libertad dieres a Dios el alma desapegada, libre y sola, serás la más feliz de las criaturas de la tierra; porque en esta santa soledad tiene el Altísimo su habitación secreta. En este desierto y paraíso se deja Dios tratar, y solamente en este interior retiro se oye aquella maravillosa, eficaz, interior y divina voz. Si quieres entrar en este cielo de la tierra, olvida todo cuidado y pensamiento, desnúdate de ti misma para que viva el amor de Dios en tu alma. Vive cuanto pudieras abstraída de las criaturas, entrégate en todo a tu Criador y ofrécete en sacrificio, en paz y quietud de espíritu.

116. Sabe que cuanto más el alma se desnuda, tanto más se va entrando en la interior soledad y tanto más queda de Dios vestida; y cuanto más el alma queda sola y vacía de sí misma, tanto más el divino espíritu la llena.

117. No hay vida más beata que la solitaria; porque en esta feliz vida se da Dios todo a la criatura y la criatura toda a Dios por una íntima y suave unión de amor. ¡Oh qué pocos llegan a gustar esta verdadera soledad! Para ser el alma ver-

dadera solitaria debe olvidarse de todas las criaturas, y aun de sí misma; de otro modo no podrá llegarse interiormente a Dios.

118. Muchos dejan todas las cosas temporales, pero no dejan su gusto, su voluntad y a sí mismos, y por esto son tan pocos los verdaderos solitarios, porque si el alma no se desapega de su gusto, de su deseo, de su voluntad, de los espirituales dones y del descanso, aun en el mismo espíritu, no podrá llegar a esta suma felicidad de la interior soledad.

119. Camina, oh alma bendita, camina sin detenerte a esta bienaventuranza de la interior soledad. Mira que te da Dios voces para que te entres en tu interior centro, donde te quiere renovar, mudar, llenar, vestir y enseñar un nuevo y celestial reino, lleno de alegría, de paz, de gozo y serenidad.

Capítulo XIII. Se explica qué cosa sea la contemplación
infusa y pasiva, y se declaran sus maravillosos efectos

120. Sabrás que cuando el alma está ya habituada al interior recogimiento y contemplación adquirida que hemos dicho, cuando ya está mortificada y en todo desea negarse a sus apetitos, cuando ya muy de veras abraza la interior y exterior mortificación y quiere muy de corazón morir a sus pasiones y propias operaciones, entonces suele Dios tirarla, elevándola, sin que lo advierta, a un perfecto reposo, en donde suave e íntimamente le infunde su luz, su amor y fortaleza, encendiéndola e inflamándola con verdadera disposición para todo género de virtud.

121. Allí el divino Esposo, suspendiéndole las potencias, la adormece con un suavísimo y dulcísimo sueño. Allí dormida y quieta recibe y goza, sin entender lo que goza, con una suavísima y dulcísima calma. Allí el alma elevada y su-

blimada en este pasivo estado se halla unida al sumo bien, sin que le cueste fatiga esta unión. Allí, en aquella suprema región y sagrado templo del alma, se agrada el sumo bien, se manifiesta y deja gustar de la criatura con un modo superior a los sentidos y a todo humano entender. Allí el solo puro espíritu, que es Dios, no siendo la pureza del alma capaz de las cosas sensibles, la domina y se hace dueño, comunicándola sus ilustraciones y sentimientos necesarios para la más pura y perfecta unión.

122. Vuelta en sí el alma de estos dulces y divinos abrazos, sale rica de luz, de amor y de una estima de la divina grandeza y conocimiento de su miseria, hallándose toda divinamente mudada y dispuesta a abrazar, a padecer y a practicar la más perfecta virtud.

123. Es, pues, la sencilla, pura, infusa y pasiva contemplación una experimental e íntima manifestación que da Dios de sí mismo, de su bondad,.de su paz y de su dulzura, cuyo objeto es Dios puro, inefable, abstraído de todos los particulares sentimientos dentro del silencio interno. Pero es Dios gustoso, Dios que nos atrae, Dios que dulcemente nos levanta con un modo espiritual y purísimo: don admirable que le concede su Majestad a quien quiere, como quiere y cuando quiere, y por el tiempo que quiere, aunque el estado de esta vida más es de cruz, de paciencia, de humildad y de padecer que de gozar.

124. Jamás gustarás este divino néctar si no te adelantas a la virtud y a la interior mortificación, si no procuras muy de corazón establecer en tu alma una gran paz, silencio, olvido y soledad interior. ¿Cómo se ha de oír la interna y eficaz voz de Dios en medio de los bullicios y tumultos de las criaturas? ¿Y cómo se ha de oír el puro y divino espíritu en medio de las artificiosas consideraciones y discursos? Pero si tu alma

no quiere continuamente morir en sí, negándote a todas estas materialidades y satisfacciones, no será otra cosa tu contemplación que una pura vanidad, una vana complacencia y presunción.

Capítulo XIV. Prosigue lo mismo

125. No siempre se comunica Dios con igual abundancia en esta suavísima e infusa contemplación. Unas veces se franquea más que otras y no aguarda tal vez que esté el alma tan muerta y negada, que como este don es gracia, le da cuando quiere, a quien quiere y como quiere, sin que en esto se pueda dar regla general ni poner tasa a su divina grandeza; antes bien por medio de la misma contemplación la hace negar, aniquilar y morir.

126. Tal vez da el Señor más luz al entendimiento, tal vez mayor amor a la voluntad. No necesita aquí el alma de fatigarse. Debe recibir lo que Dios la da y quedar unida como él la quiere; porque su Majestad es el dueño, y en el mismo tiempo que la adormece la posee, la llena y obra poderosa y suavemente en ella, sin su industria y sin que lo conozca, de manera que antes de advertir ésta tan gran misericordia se halla ganada, convencida y divinamente mudada.

127. El alma que se halla en este dichoso estado ha de huir de dos cosas, que son la actividad del humano espíritu y el apego. No quiere nuestro humano espíritu morir en sí mismo, sino obrar y discurrir a su modo, amando sus propias operaciones: es necesaria una gran fidelidad y desnudez de sí misma para llegar a la perfecta y pasiva capacidad de las divinas influencias. Los continuos hábitos que tiene de obrar con libertad la impiden su aniquilación.

128. La segunda es el apego a la misma contemplación. Debes, pues, procurar en tu alma una perfecta desnudez de

todo cuando hay, hasta del mismo Dios, sin buscar en lo interior ni en lo exterior otro fin ni interés que la divina voluntad.

129. Finalmente, el modo con que de tu parte te has de disponer para esta pura, pasiva y perfecta oración es una total y absoluta entrega en las divinas manos, con una perfecta sumisión en su santísima voluntad, para estar ocupada a su gusto y disposición, recibiendo con igualdad y perfecta resignación cuanto ordenare.

130. Sabrás que son pocas las almas que llegan a esta infusa y pasiva oración, porque son pocas las capaces de estas divinas influencias con total desnudez y muerte de su propia actividad y potencias. Solamente aquellos que lo experimentan lo saben. Esta perfecta desnudez se alcanza mediante la divina gracia, con una continua e interior mortificación, muriendo a todas las propias inclinaciones y deseos.

131. En ningún tiempo has de mirar los efectos que se obran en tu alma, pero con especialidad en éste, porque será poner impedimento a las divinas operaciones que la enriquecen. Solo ha de ser tu anhelo a la indiferencia, a la resignación y olvido, y sin que tú lo adviertas dejará el sumo bien en tu alma una apta disposición para la práctica de las virtudes, un verdadero amor a la cruz, a tu desprecio, a tu aniquilación, y deseos íntimos y eficaces de la mayor perfección y de la más pura y afectiva unión.

Capítulo XV. De dos medios por donde sube el alma a
la contemplación infusa, y se explica cuáles y cuántos
sean sus grados

132. Dos son los medios por los cuales sube el alma a la felicidad de la contemplación y afectivo amor: el gusto y los deseos. Suele Dios al principio llenar al alma de sensibles gus-

tos, porque es tan frágil y miserable que sin este prevenido consuelo no puede volar a la fruición de las cosas del cielo. En este primer grado se dispone con la contrición y se ejercita con la penitencia, meditando la pasión del Redentor, desarraigando con grande ahínco los mundanos deseos y viciosas costumbres; porque el Reino de los cielos padece violencia, y no le conquistan los pusilánimes y delicados, sino los que se violentan.

133. El segundo son los deseos. Cuanto más se gustan las cosas del cielo, tanto más se apetecen, y así a los gustos espirituales se siguen los deseos de gozar los bienes celestiales y divinos y despreciar los terrenos. De estos deseos nace la inclinación de imitar a Cristo Señor nuestro, que dijo: *Yo soy el camino* (*Juan*, cap. 14). Los pasos de su imitación por donde se ha de subir son la caridad, la humildad, la mansedumbre, la paciencia, la pobreza, el desprecio propio, la cruz, la oración y la mortificación.

134. Los grados de la infusa contemplación son tres. El primero es la hartura. Cuando el alma se llena de Dios concibe odio a todo lo mundano; entonces se quieta y solo con el divino amor se sacia. El segundo es la embriaguez. Es este grado un mental exceso y elevación del alma nacida del divino amor y de su hartura.

135. El tercero es la seguridad, cuyo grado destierra todo temor. Está el alma tan embebida en el amor divino y queda tan resignada en el divino beneplácito que, si supiese era voluntad del Altísimo, se iría de muy buena gana al infierno. Experimenta en este grado un cierto vínculo de la divina unión, que le parece imposible separarse de su amado y de su infinito tesoro.

136. Otros seis grados hay de contemplación, que son: fuego, unción, elevación, iluminación, gusto y descanso. Con el

primero se enciende el alma, encendida se unge, ungida es elevada, elevada contempla, y gustando descansa y reposa. Por estos grados sube el alma abstraída y experimentada en la vía espiritual e interior.

137. En el primer grado, que es el fuego, se ilustra el alma mediante el divino y ardiente rayo, encendiendo los divinos afectos y secando los humanos. El segundo grado es la unción, la cual es un suave y espiritual licor que, difundiéndose por todo el alma, la enseña, corrobora y dispone para recibir y contemplar la divina verdad y tal vez se extiende hasta la misma naturaleza, corroborándola para la tolerancia, con un gusto sensible que parece celestial.

138. El tercero es una elevación del hombre interior sobre sí mismo, para llegar más apto a la fuente clara del puro amor.

139. El cuarto, que es la iluminación, es un infuso conocimiento emanado de la divina verdad, suavidad y dulzura, a quien el alma contempla, subiendo de claridad en claridad y de luz en luz, conducida del divino espíritu.

140. El quinto es un sabroso gusto de la divina dulzura, emanado de la abundante y preciosa fuente del Santo Espíritu.

141. El sexto es una suave y admirable tranquilidad, nacida del vencimiento de la interior guerra y frecuente oración, de muy pocos, y aun de raros, experimentada. Aquí es tanta la abundancia del júbilo y de la paz, que le parece al alma que como en suave sueño está solazándose y descansando en el divino y amoroso pecho.

142. Otros muchos grados hay de contemplación, como son éxtasis, raptos, liquefacción, deliquio, júbilo, ósculo, abrazo, exultación, unión, transformación, desposorio y matrimonio, los cuales dejo de explicar por huir la especulación

y porque hay libros enteros que tratan de estos puntos, aunque todos son para quien no los experimenta como el color al ciego y al sordo la armonía. Finalmente por estos escalones se asciende al reclinatorio y descanso del rey pacífico y verdadero Salomón.

Capítulo XVI. Señales para conocer el hombre interior y el ánimo purgado

143. Cuatro son las señales para conocer el hombre interior. La primera, si ya el entendimiento no produce otros pensamientos que aquellos que excitan a la luz de la fe, y la voluntad está ya tan habituada que no engendra otros actos de amor sino de Dios y en orden a Dios. La segunda, si cuando cesa de la obra exterior en que estaba ocupado, luego y con facilidad se convierten a Dios el entendimiento y la voluntad. La tercera, si en entrando en la oración se olvida de todas las cosas como si no las hubiera visto ni tratado. La cuarta, si se porta en orden a las cosas exteriores como si de nuevo entrara en el mundo temiendo contrastar con los negocios, aborreciéndolos naturalmente, si no es cuando obliga la caridad.

144. Esta alma ya está libre de lo exterior y con facilidad se entra en la interior soledad, donde solo ve a Dios, y a sí en Dios, amándole con quietud, con paz y verdadero amor. Allí, en aquel íntimo centro, está el Señor hablándola amorosamente, enseñándola un nuevo reino, la verdadera paz y alegría.

145. Ya a esta alma espiritual, abstraída y retirada, no se le turba la interior paz, aunque en lo exterior padezca guerra, porque no llegan con infinita distancia las tempestades al serenísimo cielo interior, donde reside el puro y perfecto amor, que si bien algunas veces se ve desnuda, desamparada,

combatida y desolada, es furor de la borrasca que bravea por afuera.

146. Cuatro efectos engendra este Íntimo amor. El primero se llama ilustración, que es un sabroso y experimental conocimiento de la grandeza de Dios y de su propia nada. El segundo es inflamación, la cual es un encendido amor y deseo de abrasarse como la salamandra en el amoroso y divino fuego. El tercero es la suavidad, que es una pacífica, alegre, suave e íntima fruición. El cuarto es absorbimiento de las potencias en Dios. Las tiene el Señor tan ocupadas y embebidas en sí que ya no puede el alma buscar, desear ni querer otra cosa que a su sumo e infinito bien.

147. De esta plenísima hartura nacen dos efectos. El primero un grande aliento para padecer por Dios. El segundo una cierta esperanza o seguridad que, jamás le ha de perder ni de e se ha de separar. Aquí, en este interior retiro tiene el amado Jesús su paraíso, al cual podemos subir estando y conversando en la tierra y si deseas saber quién es el que totalmente es tirado al interior retiro con alumbrada simplificación en Dios, digo que es aquel que en la adversidad, en la desolación del espíritu y en la falta de lo necesario se está firme e inmóvil. Estas constantes e interiores almas están por afuera desnudas y totalmente en Dios difundidas, a quien continuamente contemplan. No tienen ninguna mancha; viven en Dios y de Dios mismo; resplandecen sobre mil soles; son amadas del Hijo, hijas queridas del Padre y escogidas esposas del Santo Espíritu.

148. Por tres señales se conoce el ánimo purgado, según dice Santo Tomás en un opúsculo. La primera, la diligencia, que es una fortaleza de ánimo que arroja toda negligencia y pereza para disponerse con solicitud y confianza a obrar bien las virtudes. La segunda, la severidad, que es una fortaleza

de animo contra la concupiscencia, acompañada con ardiente amor de la aspereza, de la vileza y santa pobreza. La tercera, la benignidad, que es una dulzura del ánimo que despide todo rencor, envidia, aversión y odio contra el prójimo.

149. Hasta que el ánimo esté purgado, purificado el afecto, desnuda la memoria, ilustrado el entendimiento y la voluntad negada e inflamada, nunca el alma llegará a la Íntima y afectiva unión con Dios, que como el espíritu de Dios es la misma pureza, la luz y la quietud, se requiere en el alma donde ha de morar gran pureza, paz; atención y quietud. Finalmente, el precioso don del ánimo purgado solamente es de aquellos que buscan con continua diligencia el amor, y se tienen y desean ser tenidos por los más viles del mundo.'

Capítulo XVII. De la divina sabiduría

150. La divina sabiduría es un conocimiento intelectual e infuso de las divinas perfecciones y de las cosas eternas, que más debe llamarse contemplación que especulación. La ciencia es adquirida y engendra la noticia de la naturaleza. La sabiduría es infusa y engendra el conocimiento de la divina bondad. Aquélla quiere conocer lo que no se alcanza sin trabajo y sudor; ésta desea ignorar lo mismo que conoce, aunque lo alcanza todo. Finalmente, los científicos están en el conocimiento de las cosas del mundo detenidos, y los sabios viven en el mismo Dios sumergidos.

151. La razón iluminada en el sabio es una alta y sencilla elevación del espíritu, por donde ve con sencilla y aguda vista todo lo que es a él inferior y cuanto toca a su vida y estado. Esta es la que hace al alma sencilla, ilustrada, uniforme, espiritual y totalmente introvertida y de todo lo criado abstraída. Esta es la que mueve y atrae con suave violencia los cora-

zones de los humildes y dóciles, llenándoles con abundancia de suavidad, paz y dulzura. Finalmente dice el Sabio de ella que le trajo todos los bienes juntos en su compañía: *Venerunt mihi omnia bona pariter cum illa (Sap. 7, 11).*

152. Sabrás que la mayor parte de los hombres vive de la opinión y juzga según la falibilidad de la imaginación y sentido. Pero el sabio juzga todas las cosas según la verdad que hay en ellas, cuyos efectos son entender, concebir, penetrar y transcender todo lo criado, hasta a sí mismo.

153. Es muy propio del sabio obrar mucho y hablar poco.

154. La sabiduría se gusta en las obras y palabras del sabio, porque como es señor absoluto de todas sus pasiones, movimientos y afectos, se manifiesta en todas sus obras como una quieta y agradable agua en la cual se ve lucir la sabiduría con claridad.

155. La inteligencia de las verdades místicas está oculta y cerrada para los hombres puramente escolásticos, porque es ciencia de los santos, la cual no se manifiesta sino a los que aman muy de veras y buscan su propio desprecio. Pero las almas que por abrazar este medio llegaron a ser puramente místicas y verdaderamente humildes penetran hasta las mas profundas noticias de la divinidad, y los hombres tanto más se apartan de esta ciencia mística cuanto más sensualmente viven según la carne y sangre.

156. Por ordinario, en el sujeto donde hay mucha ciencia escolástica y especulativa no predomina la divina sabiduría, pero hacen un admirable compuesto cuando entrambas van unidas. Son dignos de veneración y alabanza en la religión los varones doctos que, por la misericordia del Señor, llegaron a ser místicos.

157. Las acciones exteriores de los místicos y sabios que obran más *passive* que *active,* aunque les son cruelísima muerte, las ordenan con prudencia, número, peso y medida.

158. Los sermones de los doctos que no tienen espíritu, aunque se compongan de varias fábulas, de descripciones elegantes, de agudos discursos y exquisitos textos, no son de ninguna manera la palabra de Dios sino la de los hombres, con fingido oro adulterada. Estos predicadores corrompen los cristianos, apacentándolos con viento y vanidad, y así unos y otros quedan de Dios vacíos. Estos maestros pacen los vientos de sutilezas venenosas, dando a los oyentes piedras por pan, hojas por frutos, y por verdadero alimento tierra desabrida con venenosa miel mezclada. Estos son los cazadores de la honra, fabricando siempre un ídolo de estimación y aplauso, en vez de solicitar la gloria de Dios y el espiritual provecho.

159. Los que predican con celo y desengaño, predican a Dios; los que predican sin él, se predican a sí. Aquellos que dicen la palabra de Dios con espíritu, la imprimen en el corazón; los que la predican sin él la llegan solo al oído. No consiste la perfección en enseñarla, sino en obrarla, porque no es más sabio ni más santo el que sabe más verdades, sino el que las ejecuta.

160. Es máxima constante que la divina sabiduría engendra humildad, y la adquirida de los doctos, soberbia.

161. No está la santidad en formar altos y sutiles conceptos de la ciencia y atributos de Dios, sino en el amor de Dios y la negación de la propia voluntad. Por eso se halla más de ordinario la santidad en los sencillos y humildes que en los doctos. ¡Cuántas viejecitas se hallan pobres de ciencia humana y riquísimas de amor divino! ¡Cuántos vanos teólogos

se ven sumergidos en su vana sabiduría y pobrísimos de la verdadera luz y caridad!

162. Advierte que es bueno hablar siempre como quien aprende y no como quien sabe, y estima en más que te tengan por ignorante que por sabio y prudente.

163. Aunque los doctos puramente especulativos comprendan por afuera algunas centellitas de espíritu, no salen éstas del fondo sencillo de la eminente y divina sabiduría, la cual aborrece como la muerte las formas y especies. La mezcla de poca ciencia impide siempre la eterna, profunda, pura, sencilla y verdadera sabiduría.

Capítulo XVIII. Prosigue lo mismo

164. Dos son los caminos que guían al conocimiento de Dios; el uno es remoto y el otro próximo. El primero se llama especulación y el segundo contemplación. Los doctos que siguen la científica especulación con la dulzura de los sensibles discursos suben por este medio como pueden a Dios, para que con este socorro puedan amarle. Pero ninguno de los que siguen este camino, que llaman escolástica, llega por él solo a la vía mística ni a la excelencia de la unión, transformación, sencillez, luz, paz, tranquilidad y amor, como llega a experimentar el que es conducido, con la divina gracia, por la vía mística de la contemplación.

165. Estos doctos meramente escolásticos, no saben qué cosa sea espíritu ni perderse en Dios ni han llegado a gustar las suaves ambrosías en el fondo Íntimo del alma, donde está su trono y se comunica con increíble, Íntima y regalada afluencia. Antes bien, algunos, sin entender esta ciencia (porque nadie la entiende sino el que la gusta), la condenan, y su

parecer es seguido, aplaudido y venerado por la falta de luz que hay en el mundo y sobra de ceguedad.

166. El teólogo que no gusta de la dulzura de la contemplación es porque no entra por la puerta que enseña San Pablo cuando dice: *Si quis inter vos videtur sapiens esse, stultus fiat ut sit sapiens* (1 *Ad Corinto* 3, 18): Si alguno entre vosotros se tuviere por sabio, hágase necio para serlo; humíllese, reputándose por ignorante.

167. Es regla general, y aun máxima en la mística teología, que primero se ha de alcanzar la práctica que la teórica; primero se ha de experimentar el ejercicio de la sobrenatural contemplación que inquirir el conocimiento e investigar la plena noticia de aquella divina ciencia.

168. Aunque la ciencia mística por ordinario sea de los humildes y sencillos, no por eso son los doctos incapaces, si no se buscan a sí mismos, ni hacen caso de su artificiosa ciencia; y más si se olvidan de ella como si no la tuvieran y solo la usan en su tiempo y lugar para predicar y disputar cuando importa, y después vacan a la sencilla y desnuda contemplación de Dios, sin forma, figura ni consideración.

169. El estudio que no se ordena solo para la gloria de Dios es breve camino para el infierno, no por el estudio, sino por el viento de la soberbia que engendra. Miserable es la mayor parte de los hombres de este tiempo, que solo estudian para satisfacer la insaciable curiosidad de la naturaleza.

170. Muchos buscan a Dios y no le hallan porque les lleva más la curiosidad que la sincera, pura y limpia intención; más desean los consuelos espirituales, que al mismo Dios, y como no le buscan con verdad, ni hallan a Dios ni a los espirituales gustos.

171. El que no procura la total negación de sí mismo no será verdaderamente abstraído y así nunca será capaz de las verdades y luces del espíritu.

172. Son raros los hombres en el mundo que aprecian más el oír que el hablar. Pero el sabio y puro místico no habla sino forzado ni se pone en cosa que no le toca por oficio, y entonces con gran prudencia.

173. El espíritu de la divina sabiduría llena con suavidad, domina con fortaleza y alumbra con excelencia a los que se sujetan a su dirección.

174. Y el alma santa dotada de la divina sabiduría ama todas las cosas no por la apariencia, sino por el grado de bondad y santidad que hay en ellas.

175. Donde mora el divino espíritu siempre se halla la sencillez y la santa libertad. Pero la astucia, la doblez, la ficción, el artificio, la política y mundanos respetos son infierno para los hombres sabios y sencillos.

176. Sabrás que se ha de desapegar y negar de cinco cosas el que ha llegar a la ciencia mística. La primera, de las criaturas; la segunda, de las cosas temporales; la tercera, de los mismos dones del Espíritu Santo; la cuarta, de sí misma, y la quinta, se ha de despegar del mismo Dios. Esta última es la más perfecta, porque el alma que así se sabe solamente desapegar es la que se llega a perder en Dios, y solo la que así se llega a perder es la que se acierta a hallar.

177. Más se paga Dios del afecto del corazón que del efecto de las mundanas ciencias. Una cosa es limpiar el corazón de todo aquello que le hace prisionero e impuro y otra hacer ciento y mil cosas, aunque buenas, y santas, sin atender a esta pureza del corazón, que es la principal para alcanzar la divina sabiduría.

178. Muchas almas dejan de llegar a la quieta contemplación, a la divina sabiduría y ciencia verdadera, aunque tienen muchas horas de oración, y comulgan cada día, porque no se entregan del todo a Dios con perfecta desnudez y desapego. Finalmente, hasta que en el fuego de las penas interiores y exteriores se purifique el alma, jamás llegará a la renovación, a la transformación y perfecta contemplación, a la afectiva unión y divina sabiduría.

Capítulo XIX. De la verdadera y perfecta aniquilación
179. Has de saber que en solo dos principios está fundada toda esta fábrica de la aniquilación. El primero es tenerse en baja estima a sí mismo y a todas las cosas del mundo, de donde ha de nacer el poner en práctica la desnudez y renunciación de sí mismo y de todas las cosas, con una santa resolución, con el afecto y la obra.

180. El segundo principio ha de ser una grande estimación de Dios, para amarle, adorarle y seguirle sin género de interés propio, aunque sea el más santo. De estos dos principios ha de nacer una plena conformidad con la divina voluntad. Esta eficaz y práctica conformidad con la divina voluntad en todas las cosas conduce al ánima a la aniquilación y transformación con Dios, sin mezcla de raptos ni éxtasis exteriores ni afectos vehementes, porque este camino es sujeto a muchas ilusiones, con peligro de enfermedades y fatigas del entendimiento, por cuya senda es raro el que llega a la cima de la perfección, que se alcanza por este otro camino seguro, firme y fiel, aunque no sin pesada cruz, porque en ella está fundada la vía regia de la aniquilación y perfección. A la cual se siguen muchos dones de luz y divinos afectos, con otros infinitos *gratis datos,* pero de todos se ha de desnudar

el alma aniquilada, si no quiere que le sean de impedimento para pasar a la deificación.

181. Haciendo el alma continuo progreso de su bajeza, debe caminar a la práctica de la aniquilación, que consiste en el aborrecimiento de la honra, dignidad y alabanza; porque a la vileza y al puro nada no es razón se le dé la dignidad y la honra.

182. Al alma que conoce su vileza le parece imposible merecer nada, antes bien se confunde y se conoce indigna de la virtud y alabanza. Esta abraza con igualdad de ánimo todas las ocasiones de menosprecio, persecución, infamia, confusión y afrenta, y conociéndose verdaderamente merecedora de semejantes oprobios, da al Señor las gracias cuando se ve en las ocasiones porque la trata como merece, y aun se reconoce indigna de que con ella obre su justicia, pero sobre todo se alegra del desprecio y afrenta porque resulta para su Dios una gran gloria.

183. Elige siempre esta alma lo más bajo, vil y despreciado, así de lugar como de vestido y todo lo demás, sin afectación ninguna de singularidad, juzgando que la mayor vileza excede siempre a sus méritos, y aun de aquella se reconoce indigna. Esta práctica hace llegar al alma a una verdadera aniquilación de sí misma.

184. Comienza el alma que quiere ser perfecta a mortificar sus pasiones; aprovechada ya en este ejercicio, se niega; luego, con la divina ayuda, pasa al estado de la nada, donde se desprecia, se aborrece a sí misma y se profunda, conociendo que es nada, que puede nada y que vale nada; de aquí nace el morir en los sentidos y en sí misma de muchas maneras y a todas horas; y, finalmente, de esta espiritual muerte se origina la verdadera y perfecta aniquilación. De manera que cuando ya el alma está muerta a su querer y entender, se

dice con propiedad que llegó al perfecto y dichoso estado de la aniquilación, sin que la misma alma lo llegue a entender, porque no sería aniquilada si llegase ella a conocerlo y aunque llegue a este feliz estado de aniquilada, importa el saber que siempre tiene más y más que caminar, que purificar y aniquilar.

185. Sabrás que esta aniquilación, para que sea perfecta en el alma, ha de ser en el propio juicio, en la voluntad, en los afectos, inclinaciones, deseos, pensamientos y en sí misma, de tal manera que se ha de hallar el alma muerta al querer, al desear, procurar, entender y pensar, queriendo como si no quisiera, deseando como si no deseara, entendiendo como si no entendiera, pensando como si no pensara, sin inclinarse a nada, abrazando igualmente los desprecios como las honras, los beneficios como los castigos.

186. ¡Oh, qué dichosa alma la que así se halla muerta y aniquilada! Ya ésta no vive en sí, porque vive Dios en ella; ya con toda verdad se puede decir que es otra fénix renovada, porque está trocada, espiritualizada, transformada y deificada.

Capítulo XX. Enséñase cómo la nada es el atajo para
alcanzar la pureza del alma, la perfecta contemplación
y el rico tesoro de la interior paz

187. El camino para llegar a aquel alto estado del ánimo reformado, por donde inmediatamente se llega al sumo bien, a nuestro primer origen y suma paz, es la nada. Procura estar siempre sepultada en esa miseria. Esa nada y esa conocida miseria es el medio para que el Señor obre en tu alma maravillas. Vístete de esa nada y de esa miseria y procura que esa miseria y esa nada sea tu continuo sustento y morada, hasta

profundarte en ella; yo te aseguro que, siendo tú de esta manera la nada, sea el Señor el todo en tu alma.

188. ¿Por qué piensas que embarazan infinitas almas la abundante corriente de los divinos dones? Porque quieren hacer algo y desean el ser grandes; todo es salirse de la interior humildad y de su nada, y así impiden las maravillas que quiere obrar aquella infinita bondad. Apéganse a los mismos dones espirituales por salir del centro de la nada, y todo lo malogran. N o buscan a Dios con verdad, y así no le hallan; porque has de saber que no se halla sino en el desprecio de nosotros mismos y en la nada.

189. Nos buscamos a nosotros mismos siempre que salimos de la nada, y por eso no llegamos jamás a la quieta y perfecta contemplación. Éntrate en la verdad de tu nada y de nada te inquietarás, antes bien te humillarás, confundirás y perderás de vista tu propia reputación y estima.

190. ¡Oh, qué baluarte tan fuerte has de hallar en esa nada! ¿Quién te ha de dar pena si te guareces en esa fortaleza? Porque el alma que es de sí misma despreciada y que en su conocimiento es nada, nadie la puede hacer agravio ni injuria. El alma que está dentro de su nada guarda silencio interno, vive transformada en el sumo bien, no apetece nada de todo lo criado, vive en Dios sumergida y se está resignada en cualquier tormento, porque siempre juzga es más lo que merece. Estándose el alma quieta en su nada, la perfecciona, enriquece y pinta el Señor en ella sin embarazo su imagen y semejanza.

191. Por el camino de la nada has de llegarte a perder en Dios, que es el último grado de la perfección, y si así te sabes perder, serás dichosa, te ganarás y te acertarás a hallar. En esta oficina de la nada se fabrica la sencillez, se halla el interior e infuso recogimiento, se alcanza la quietud y se limpia

el corazón de todo género de imperfección. ¡Oh, qué tesoro descubrirás si haces en la nada tu morada! y si te entras en el centro de la nada, en nada te mezclarás por afuera (escalón en donde tropiezan infinitas almas), sino solamente en aquello que por oficio te toca.

192. Si te estás encerrada en la nada, adonde no llegan los golpes de las adversidades, nada te dará pena, nada te inquietará. Por aquí has de llegar al señorío de ti misma, porque solo en la nada reina el perfecto y verdadero dominio. Con el escudo de la nada vencerás las vehementes tentaciones y terribles sugestiones del envidioso enemigo.

193. Conociendo que eres nada, que puedes nada y que vales nada, abrazarás con quietud las pasivas sequedades, tolerarás las horribles desolaciones, sufrirás los espirituales martirios e interiores tormentos. Por medio de esa nada has de morir en ti misma de muchas maneras, en todos tiempos y a todas horas. Y cuanto más fueres muriendo, tanto más te irás profundando en tu miseria y bajeza y tanto más te irá el Señor elevando, y a sí mismo uniendo.

194. ¿Quién ha de despertar al alma de aquel dulce y sabroso sueño, si se duerme en la nada? Por aquí llegó David sin saberlo a la perfecta aniquilación. *Ad nihilum redactus sum, et nescivi (Psal. 72)*. Estándote en la nada, cerrarás la puerta a todo lo que no es Dios; te retirarás aun de ti misma, y caminarás a aquella interior soledad a donde el divino Esposo habla al corazón a su esposa, enseñándola la alta y divina sabiduría. Anégate en esa nada y hallarás en ella sagrado asilo para cualquier tormenta.

195. Por este camino has de volver al dichoso estado de la inocencia, que perdieron nuestros primeros padres. Por esta puerta has de entrar a la tierra feliz de los vivientes, donde hallarás al sumo bien, la latitud de la caridad, la belleza de

la justicia, la derecha línea de equidad y rectitud y, en suma, toda la perfección. Últimamente no mires nada, no desees nada, no quieras nada, ni solicites saber nada, y en todo vivirá tu alma con quietud y gozo descansada. Este es el camino para alcanzar la pureza del alma, la perfecta contemplación y la interior paz. Camina, camina por esta segura senda, y procura en esa nada sumergirte, perderte y abismarte si quieres aniquilarte, unirte y transformarte.

Capítulo XXI. De la suma felicidad de la interior paz, y de sus maravillosos efectos

196. Aniquilada ya el alma y con perfecta desnudez renovada, experimenta en la parte superior una profunda paz y una sabrosa quietud, que la conduce a tan perfecta unión de amor que en todo jubila. Ya esta alma ha llegado a tal felicidad que no quiere ni desea otra cosa que lo que su amado quiere; con esta voluntad se conforma en todos los sucesos, así de consuelo como de pena, y juntamente se goza de hacer en todo el divino beneplácito.

197. Ya no hay cosa que no la consuele ni le falta nada que pueda afligirla; el morir le es gozo y el vivir su alegría. Tan contenta está en el paraíso como en la tierra, tan gozosa en la privación como en la posesión, en la enfermedad como en la salud, porque sabe que ésa es la voluntad de su Señor; ésta es su vida, ésta su gloria, su paraíso, su paz, su sosiego, su quietud, su consuelo y suma felicidad.

198. Si a esta alma, que ha subido ya por los escalones de la aniquilación a la región de la paz, le fuese necesario el escoger, elegiría primero la desolación que el consuelo, el desprecio que la honra, porque el amoroso Jesús hizo sumo aprecio del oprobio y de la pena. Si padeció antes hambre de los bienes del cielo, si tuvo sed de Dios, temor de perderle,

llanto en el corazón y guerra del demonio, ya se han convertido la hambre en hartura, la sed en saciedad, el temor en seguridad, la tristeza en alegría, el llanto en gozo y la fiera guerra en suma paz. ¡Oh dichosa alma que goza ya en la tierra tan gran felicidad! Estas almas (aunque pocas) son las columnas fuertes que sustentan la Iglesia y las que templan la divina indignación.

199. Ya esta alma que ha entrado en el cielo de la paz se reconoce llena de Dios y de sus sobrenaturales dones, porque vive fundada en un puro amor, agradándole igualmente la luz como las tinieblas, la noche como el día y la aflicción como el consuelo. Por esta santa y celestial indiferencia no pierde la paz en las adversidades ni la tranquilidad en las tribulaciones, antes se mira llena de inefables gozos.

200. Y aunque el príncipe de las tinieblas mueve contra ella todos los asaltos del infierno, con horribles tentaciones, resiste en esta guerra como firme columna, sucediéndole lo que pasa en el alto monte y profundo valle en el tiempo de la tempestad.

201. Estáse el valle oscureciendo con densas tinieblas, fieras tempestades de piedra, de truenos, rayos y relámpagos, que parece un retrato del infierno, y en este mismo tiempo está el alto monte resplandeciente, recibiendo los hermosos rayos del Sol con paz y serenidad, quedando todo él como un cielo claro, pacífico e iluminado.

202. Lo mismo sucede en esta dichosa alma. Está el valle de la parte inferior sufriendo tribulaciones, combates, tinieblas, desolaciones, tormentos, martirios y sugestiones; y en el mismo tiempo, en el alto monte de la parte superior del alma, ilustra, inflama e ilumina el verdadero Sol, con que queda clara, pacífica, resplandeciente, tranquila, serena y hecha un mar de alegría.

203. Es, pues, tanta la quietud de esta pura alma que llegó al monte de la tranquilidad, es tanta la paz en su espíritu, tanta la serenidad y sosiego en lo interior, que redunda hasta en lo exterior un resabio y vislumbres de Dios.

204. Porque en el trono de quietud se manifiestan las perfecciones de la espiritual hermosura: aquí la luz verdadera de los secretos y divinos misterios de nuestra santa fe; aquí la humildad perfecta hasta la aniquilación de sí misma; la plenísima resignación, la castidad, la pobreza de espíritu, la inocencia y sencillez de paloma, la exterior modestia, el silencio y soledad interior, la libertad y pureza del corazón; aquí el olvido de lo criado, hasta de sí misma; la alegre simplicidad, la celestial indiferencia, la oración continua, la total desnudez, el perfecto desapego, la sapientísima contemplación, la conversación del cielo y, finalmente, la perfectísima y serenísima interior paz, de quien puede decir esta feliz alma lo que dijo el Sabio de la Sabiduría, que con ella le vinieron todas las demás gracias: *Et venerunt mihi omnia bona pariter cum illa (Sap. 7, 11).*

205. Este es el rico y escondido tesoro. Esta la dracma deseada del Evangelio. Esta la vida beata, la vida feliz, la vida verdadera y la bienaventuranza de la tierra. ¡Oh hermosa grandeza no conocida de los hijos de los hombres! ¡Oh excelente vida sobrenatural, cuánto eres admirable y cuánto inefable, porque eres un remedo de la bienaventuranza! ¡Oh cuánto levantas del suelo al alma que pierde de vista todas las cosas de la vileza de la tierra! Tú eres la pobre en lo exterior, pero riquísima en lo interior. Tú pareces baja, pero eres altísima. Tú, en fin, eres la que haces vivir en la tierra vida divina. Dadme, Señor y suma bondad, dadme una buena porción de esta celestial felicidad y verdadera paz, que el

mundo, por sensual, no es capaz de recibir ni conocer. *Quem mundus non potest accipere.*

Capítulo XXII. Exclamación amorosa y gemido lamentable con Dios por las pocas almas que llegan a la perfección, a la amorosa unión y divina transformación

206. ¡Oh Divina Majestad, ante cuya presencia tiemblan y se estremecen las columnas del cielo! ¡Oh bondad más que infinita, en cuyo amor se abrasan los serafines! Dadme, Señor, licencia para llorar nuestra ceguedad e ingratitud. Todos vivimos engañados, buscando al mundo loco, dejándoos a vos siendo nuestro Dios. Todos por los charcos hediondos del mundo os dejamos a vos, fuente de aguas vivas.

207. ¡Oh hijos de los hombres! ¿Hasta cuándo hemos de seguir la mentira y vanidad? ¿Quién así nos engañó para dejar al sumo bien y nuestro Dios? ¿Quién nos habla más verdad? ¿Quién más nos ama? ¿Quién más nos defiende? ¿Quién es más fino para amigo, más tierno para esposo y más bueno para padre? ¡Que sea tanta nuestra ceguedad que desamparemos todos a esta suma e infinita bondad!

208. ¡Oh divino Señor, qué pocas almas hay en el mundo que os sirvan con perfección! ¡Qué pocas son las que quieren padecer, que sigan a Cristo crucificado, que abracen la cruz, que nieguen la voluntad propia y se desprecien a sí mismas! ¡Oh, qué pocas almas se hallan desapegadas y totalmente desnudas! ¡Qué pocas almas hay muertas en sí y vivas para Dios, y que perfectamente se resignen en el divino beneplácito! ¡Qué pocas almas hay de sencilla obediencia, de profundo conocimiento de sí mismas y de humildad verdadera! ¡Qué pocas son las que con total indiferencia se dejan en las manos de Dios para que haga en ellas su divina voluntad! ¡Qué pocas almas hay puras, de corazón sencillo y desapegado, y que

vacías de su entender, saber, desear y querer, anhelen a su negación y muerte espiritual! ¡Qué pocas almas hay que quieran dejar obrar en sí al divino Criador, que padezcan por no padecer y mueran por no morir! ¡Qué pocas almas hay que quieran olvidarse de sí mismas, que quieran desnudar el corazón de los afectos, de sus deseos, satisfacción, propio amor y juicio! ¡Qué pocas almas hay que quieran dejarse guiar por la vía regia de la negación e interior camino! ¡Qué pocas almas hay que quieran dejarse aniquilar, muriendo en los sentidos y en sí mismas! ¡Qué pocas almas hay que quieran dejarse vaciar, purificar y desnudar para que Dios las vista, las llene y perfeccione! Finalmente, ¡qué pocas, Señor, son las almas ciegas, mudas, sordas y perfectamente contemplativas!

209. ¡Oh confusión de los hijos de Adán, que por una vileza despreciemos la verdadera felicidad y que impidamos al sumo bien, al rico tesoro y a la infinita bondad! Con justa razón se quejan los cielos que son pocas las almas que quieren seguir sus preciosos caminos: *Viae Sion lugent eo quod non sint qui veniant ad solemnitatem (Trenos 1, 4).*

Todo lo sujeto, humildemente postrado, a la corrección de la Santa Iglesia Católica Romana.

Libros a la carta

A la carta es un servicio especializado para
empresas,
librerías,
bibliotecas,
editoriales
y centros de enseñanza;
y permite confeccionar libros que, por su formato y concepción, sirven a los propósitos más específicos de estas instituciones.

Las empresas nos encargan ediciones personalizadas para marketing editorial o para regalos institucionales. Y los interesados solicitan, a título personal, ediciones antiguas, o no disponibles en el mercado; y las acompañan con notas y comentarios críticos.

Las ediciones tienen como apoyo un libro de estilo con todo tipo de referencias sobre los criterios de tratamiento tipográfico aplicados a nuestros libros que puede ser consultado en Linkgua-ediciones.com.

Linkgua edita por encargo diferentes versiones de una misma obra con distintos tratamientos ortotipográficos (actualizaciones de carácter divulgativo de un clásico, o versiones estrictamente fieles a la edición original de referencia).

Este servicio de ediciones a la carta le permitirá, si usted se dedica a la enseñanza, tener una forma de hacer pública su interpretación de un texto y, sobre una versión digitalizada «base», usted podrá introducir interpretaciones del texto fuente. Es un tópico que los profesores denuncien en clase los desmanes de una edición, o vayan comentando errores de interpretación de un texto y esta es una solución útil a esa necesidad del mundo académico.

Asimismo publicamos de manera sistemática, en un mismo catálogo, tesis doctorales y actas de congresos académicos, que son distribuidas a través de nuestra Web.

El servicio de «libros a la carta» funciona de dos formas.

1. Tenemos un fondo de libros digitalizados que usted puede personalizar en tiradas de al menos cinco ejemplares. Estas personalizaciones pueden ser de todo tipo: añadir notas de clase para uso de un grupo de estudiantes, introducir logos corporativos para uso con fines de marketing empresarial, etc. etc.

2. Buscamos libros descatalogados de otras editoriales y los reeditamos en tiradas cortas a petición de un cliente.